最短最速で受かる！

忙しい人のための

資格試験勉強法

遠田 誠貴 著

税務経理協会

はじめに

資格があなたの武器になる

超高齢社会を迎えた日本では、若者の人口は減少の一途をたどり、高齢者の割合はどんどん増えていっています。日本経済は低迷を続けていて、浮上のきざしもありません。

コロナ禍とウクライナ戦争は世界を混乱に追い込み、日本も大きな打撃を受けています。

そんな先行き不透明な時代だからこそ、1つの会社、1つの仕事に依存するような生き方には大きなリスクがあります。現状を変えるために新しい一歩を踏み出したいと思っているビジネスパーソンにとって、大きな武器になるのが「**資格**」です。

資格試験に合格して資格を取得すれば、今の仕事でステップアップしたり、独立開業したりすることもできます。資格を取るだけで人生の可能性が広がるのです。

しかし、働きながら資格試験に合格するのは簡単なことではありません。勉強時間を確保できなかったり、勉強の習慣が身につかなかったりして、挫折してしまう人はたくさんいます。

社会人の方の大半は仕事に追われて勉強時間が十分に取れないし、試験のための勉強にも慣れていないからです。

試験は結果がすべてです。不合格になってしまえば、そこに費やした時間や労力は無駄になってしまいます。

そのような事態を避けるには、**最初から明確なコンセプトを持って、戦略を立てて合理的な学習**を進めていかなければいけないのです。本書ではそのための考え方や具体的な取り組み方を解説しています。

本書の特色

本書は、主に働きながら資格試験合格を目指す社会人の方に向けて、効率的な勉強法や受験戦略についてまとめた本です。

もちろん、資格試験に受かりたいと思っている人であれば、学生、主婦、求職中の方など、どなたにもお読みいただける内容です。

資格試験にもいろいろな種類がありますが、本書で書かれている勉強法や受験戦略はどんな試験にも応用できる本質的なものです。

漠然と「資格でも取りたいな」と思ってはいるけれど、どんな資格試験を受けるのかはまだ決まっていないという方もいるかもしれません。そのような方にも本書はおすすめできます。

本書の特徴は、限られた時間で資格試験を突破するための「**超効率的な勉強法**」について書いていることと、「**独学**」を推奨していることです。

私が独学を勧める理由は、それが最も効率的な勉強法であると思うからです。もちろん、予備校に通うことや通信教育を利用することを否定しているわけではありません。

たとえそれらを活用したとしても、自分で主体的に学習する時間を作らなければ、試験には受かりません。予備校などを利用する場合も含めて「すべての勉強は独学である」と考えて、そのような覚悟を持ってください。

また、一般的な勉強法について書かれた本の中には「単語帳の作り方」「語呂合わせのやり方」などの些末なテクニックを説くものが多いのですが、本書ではそういう具体的なノウハウにはあまり踏み込んでいません。

なぜなら、細かい技術的なことは、人それぞれに合う・合わないの相性があり、万人に役立つものとして勧めることが難しいからです。

具体的なテクニックは一見派手で魅力的に見えますが、実際は役に立たないことが多いのです。

それよりも重要なのは、そもそもどのように戦略を立てて、どういうふうに取り組めば挫折しないで勉強を続けられるのか、ということです。

多くの資格試験は、思い立ったら誰でもすぐに受けられるので、間口は広く作られています。

しかし、社会人の勉強は始めるのは簡単でも続けるのが難しいのです。なぜなら、自分が勝手に受けようと決めただけで、学校や会社で義務として強制されていることではないからです。

仕事が忙しいから、家のことで手一杯だから、などと何かと理由をつけて、いつの間にか勉強から離れていってしまう。それが多くの人が陥りがちなパターンです。

資格試験を受験する機会のある方は、試験を受ける際に周囲の座席を見渡してみてください。どんな試験でも一定の割合で空席があります。空席があるということは、試験の申込みをしただけで受験会場に来ていない人がいるということです。そのぐらい資格試験とは挫折しやすいものなのです。

逆に言うと、勉強をあきらめさえしなければいつかは受かる、というのが資格試験の特徴でもあります。つまり、ここで重要なのは、あきらめずに続けることなのです。

本書では、**続けるためのコツ**について、**しつこいくらい強調して解説**をしています。挫折しやすいものだからこそ、挫折しないための仕組み作りが重要なのです。それをしっかりと頭に叩き込んでください。

自己紹介

私が最初に資格試験に興味を持ったのは、今から10年以上前です。出版社に勤めていた頃に、ふと資格でも取ってみようかと思い立ち、書店で参考書と問題集を買って、FP（ファイナンシャル・プランナー）3級の勉強を始めました。

FPの試験では、年金・保険・税金・資産運用・不動産・相続など、お金に関する幅広い知識が求められます。そのような分野にはもともと興味があったのですが、漠然とした知識しか持っていなかったため、試験勉強を通して知識が身につくのは割と楽しかったです。

FP3級に無事に合格して達成感を得た私は、そこからFP2級、簿記2級を立て続けに取得していきました。

それからも資格を生かした仕事をしていたわけではなかったのですが、ここで学んだことはその後の日常生活全般で役に立っています。

その後、独立してフリーライターになってから、行政書士試験を受けようかと思い立ち、約3カ月間の受験勉強を経て、行政書士試験に合格しました。

行政書士事務所を開業して、現在はフリーライターと行政書士の二足のわらじを履く生活を送っています。

私は資格試験に対してはもともとある程度の自信を持っていました。というのも、高校生の頃に予備校に通わず独学だけで東京大学に現役合格したことがあったからです。その頃に基本的な勉強のやり方を身につけていたので、資格試験でもそれを応用することで、効率的な学習を進めることができました。

本書では、そんな私が、資格試験合格のための戦略のすべてを解説しています。ぜひあなたの勉強に役立ててください。

ちなみに、本書では資格試験全般に通用するノウハウを解説していますが、行政書士試験に特化した具体的な対策が知りたいという方には、私の著書である『99日で受かる！　行政書士試験最短合格術』（税務経理協会）をおすすめします。

本書の構成

本書は6章立てになっています。

第1章では、資格を取ることのメリットや受験する資格試験の選び方について解説しています。

第2章では、資格試験の勉強をする上での心構えや基本戦略について書いています。

第3章では、計画の立て方や勉強の進め方について詳しく述べています。

第4章では、勉強時間を確保して、勉強を習慣にするためのポイントを解説しています。

第5章では、問題集への取り組み方など、具体的な勉強方法の説明をしています。

第6章では、試験直前期と試験当日に気をつけるべき点をまとめています。

資格試験の勉強法について一から学びたい方や、勉強をすることに慣れていない方は、最初から順番にお読みください。

具体的な勉強方法が知りたい方は、第5章から読んでいただいても構いません。

目次

第2章

資格試験に受かるための心構え

第3章

絶対に挫折しない計画の立て方

第4章 勉強のための時間術と習慣化の技術

第5章
最短最速のアウトプット勉強法

第6章

直前期の勉強法と試験当日の過ごし方

第1章

資格を取れば人生が変わる

資格は人生を変えるための大きな武器になります。
社会人が資格試験を受けることのメリットや、
受験する資格の正しい選び方について解説します。

資格は新しい世界へのパスポート

「資格でも取ろうかな」と考えて、本書をお読みいただいている皆さんに改めてうかがいたいのですが、そもそも「資格」とは何でしょうか？

辞書の定義によると、「資格」とは「あることを行うために必要とされる条件」（『デジタル大辞泉』小学館）です。

医師や弁護士のような資格が必要な専門職をイメージするとわかりやすいのではないでしょうか。

誰もが簡単に医師や弁護士になれるのだとしたら、そこで数多くの問題が発生するのは間違いありません。資格制度を設けて、医療行為や法律業務を行うために必要な条件を定めることで、専門職の立場を保証して、トラブルを未然に防いでいるのです。

しかし、これはあくまでも一般的な定義でしかありません。民間資格の「野菜ソムリエ」のように、特に独占業務が定められていない資格もたくさんあります。受験する立場としては、資格というものをどのように考えればいいのでしょうか。

私は、**資格とは「新しい世界へのパスポート」**であると考えています。どんな資格であっても、それを取得することで、ある分野について知識が深まり、視野が広がります。

それが直接仕事につながることもあれば、趣味の範囲にとどまる場合もあるでしょう。いずれにせよ、資格を取ることで新しい世界に進むための扉が開きます。資格を取ることの本当の意味はそこにあります。

新しい仕事を始めたいと思っている人にとっては、資格を取るというのは有効な選択肢の一つになります。

会社員というのは、経営に加わらない限り、どんなに出世しても会社という組織の一員でしかありません。自分だけで意思決定をしたり、仕事を選んだりすることはできないのです。

その点、資格を取って独立すれば、自分の意志で、自分のペースで仕事ができるようになります。

最近では、資格に頼らずに会社員を辞めて独立してビジネスを始めることを勧めるような風潮もありますが、知識も経験もない人が新たなビジネスを始めても成功する保証はありません。特に、最初に資金を借り入れたりする場合には、大きなリスクを負うことになります。

一方、資格を取って開業をするのは、比較的リスクが低いと考えられます。資格があると、それだけで取引先や顧客からも信用が得られます。

また、独占業務がある資格の場合には、資格が参入障壁になっているので、誰でもできる一般的なビジネスよりも競争が激しくありません。

専門性を生かして、自分のペースで仕事を進められる心地良さというのは、私自身も行政書士の業務を行う中で感じていることです。

資格を取れば人生が変わります。目の前の単調な会社員生活から抜け出したいと思っている人には、そのきっかけを作るために資格を取ることをおすすめします。

POINT

資格を取ると人生の可能性が広がる。

今の仕事を一生続けられるか？

本書の読者の中には「資格を取って独立開業したい気持ちはあるけれど、それで生活していけるかどうか不安だ」という悩みを持っている方もいらっしゃるかもしれません。

そういう方に対しては「独立するかどうかは資格を取ってからじっくり考えてもいいので、まずは資格試験の勉強を始めてみませんか」と申し上げたいです。

「資格＝新しい世界へのパスポート」ということから考えると、パスポートを取ったからといって、すぐに海外に出なければいけないわけではありません。そもそも外国に行くかどうか、いつ行くか、というのは自分でじっくり考えて決めればいいのです。

現在、会社員として仕事をしていて、資格を取るかどうか悩んでいる方は「今の仕事を一生続けられるか？」というのを自分に問いかけてみてください。「イエス」と自信を持って言えるのであれば、今はまだ資格を取る必要はないかもしれません。

しかし、胸を張って「イエス」とは言い切れない、ずっとやっていけるかどうかわからない、この会社の将来が不安だ、というようなことを少しでも考えている場合には、資格取得を考えてみてもいいかもしれません。

ここ数年、コロナ禍の影響でテレワークが広まったことで、型通りの働き方をしなくてもいい、という風潮は広まりつつあります。これをきっかけに自分の仕事について改めて考える機会ができた方も多いのではないでしょうか。

会社のオフィスに通勤しなければ仕事ができないと思っていた人が、今ではテレワークで当たり前のように仕事を続けていたりします。そんな日々の中で「そもそもなんで自分は会社に所属して働いているんだろう？」などと根本的な疑問を抱いたりするようになるのです。

本来、人間の働き方や生き方は自由なものであるはずです。資格について調べてみると気付かされるのは、**資格の数だけ多様な働き方がある**ということです。あなたの人生の可能性を広げるために、資格試験というものを活用してみてください。

POINT

資格の数だけ多様な働き方がある。

年齢や学歴は関係ない

資格試験を受けようかどうか考えるときに、自分の年齢や学歴を理由にして「私なんか……」と尻込みしてしまう人がいます。そういう人は実にもったいないことをしていると思います。

なぜなら、資格試験こそは、**年齢も学歴も関係なく、いつでも誰でも始められるチャレンジ**であるからです。

もちろん、資格によっては受験資格が定められているものもありますが、多くの資格は、受験資格が広く、誰にでも門戸が開かれています。つまり、受けようと思えば誰でも受けられるのです。

勉強を始めるのに早すぎるとか遅すぎるということはありません。過去には10代や70代で司法試験に受かった人もいます。

学歴も関係ありません。司法試験や公認会計士試験などの難関資格は、高学歴でないと受からないと思い込んでいる人も多いのですが、必ずしもそうではありません。

高学歴の人は、大学受験での成功体験を持っていて、勉強にも慣れていることが多いので、資格試験でも有利な立場にあるとは言えるかもしれません。しかし、そういう人でなければ受からないわけではありません。

資格試験は、高校入試や大学入試などと違って、受験する人の層も幅広いのです。年齢も学歴も受験歴もバラバラな中で、横一線になって戦うものなのです。


学歴があっても、資格試験にはなかなか受からない人だっています。

試験に受かりたいなら年齢や学歴を言い訳にしてはいけません。誰でもいつからでも始められるのです。学歴や年齢は過去の話ですが、あなたの受験人生は未来の話です。これから何をするのかということだけを考えてください。

POINT

合格のチャンスは誰でも平等にある。

社会人の方が勉強には有利である

中学、高校などの学生時代には、入試があったり定期試験があったりするので、ある程度の勉強をしてきた人が多いはずです。

しかし、社会人になってしまうと、そんな環境から離れて、何かを深く学ぶ勉強というものをしなくなってしまいます。

だからこそ、社会人が資格試験に受かるのは難しいのではないか、と思う人もいるかもしれません。司法書士試験や公認会計士試験などの難関資格は、現役の大学生も社会人も受験しています。

学生の方が若くて頭の回転も速いし、勉強にも慣れている。さらに、仕事をしていない分、勉強時間を多く取ることもできる。だから圧倒的に有利である。そう思われる方も多いかもしれません。

しかし、私の実感としては、資格試験に関しては、必ずしも社会人が学生より不利であるとは思いません。なぜなら、資格試験の多くは実際の社会生活やビジネスにかかわるものであり、それらについての土台となる知識や経験は、社会人の方が豊富に持っていることが多いからです。

たとえば、私は社会人になってから行政書士試験の勉強を始めたとき、民法に関しては具体的なイメージがつかみやすいと思いました。お金の貸し借りや不動産の購入など、社会人になってから経験するような状況が想定されていることが多いからです。

また、行政書士試験には一般知識科目というのがあり、ここでは幅広い教養が求められます。普段からニュースに触れていればわかるようなものもあるし、社会人なら常識レベルで知っているようなこともあります。こういう種類の問題に関しても社会人の方が有利です。

さらに、英語試験のＴＯＥＩＣを受験したときも同じことを感じました。私は大学生の頃にＴＯＥＩＣを受けたことがあり、社会人になってからも10年ぶりぐらいに受験をしたのですが、以前受けたときよりも英文の内容がすんなり入ってきました。

ＴＯＥＩＣはビジネス英語の試験なので、読解問題でも、請求書、注文書、メールの文章など、実際の仕事で使うような書類のフォーマットが用いられることが多いのです。

社会人経験がないと、そもそも請求書とは何なのか、何が書かれているどういう意味のある書類なのか、といったことがピンと来ない人も多いでしょう。これは英語力ではなく純粋なビジネス知識の部分です。

英語力自体は学生の頃より落ちていたので苦戦しましたが、ビジネスの素養は身についていたので当時よりも文章の理解度は上がっていました。

このように、社会人になってからの試験では、**それまでの知識や経験を総動員して挑むことができるので、むしろ学生よりも有利**な部分もあるのです。

社会人の方が資格試験を受ける際には、年齢や学歴を気にせずに、自信を持って勉強に取り組んでください。

POINT

人生経験が強みになる。

勉強の本当の意義とは？

受験勉強をすることの意義は受かることだけではありません。司法試験に受かって弁護士になる。税理士試験に受かって税理士になる。それらはもちろん立派なことです。しかし、たとえ税理士にならなかったとしても、税理士試験を受験した経験が無駄になるわけではありません。

まず、受験勉強をすれば、その分野についての専門的な知識をじっくり学ぶことができます。その知識の中には、教養としてためになるものもあれば、実生活で役に立つものもたくさんあるはずです。

また、受験勉強をすることの本当の意義は、計画を立て、戦略を練り、知恵を絞って、目標達成のために努力するプロセスを体感できることにあります。

それ自体は、試験に受かっても受からなくても、開業してもしなくても、その後の人生において有意義なことになります。

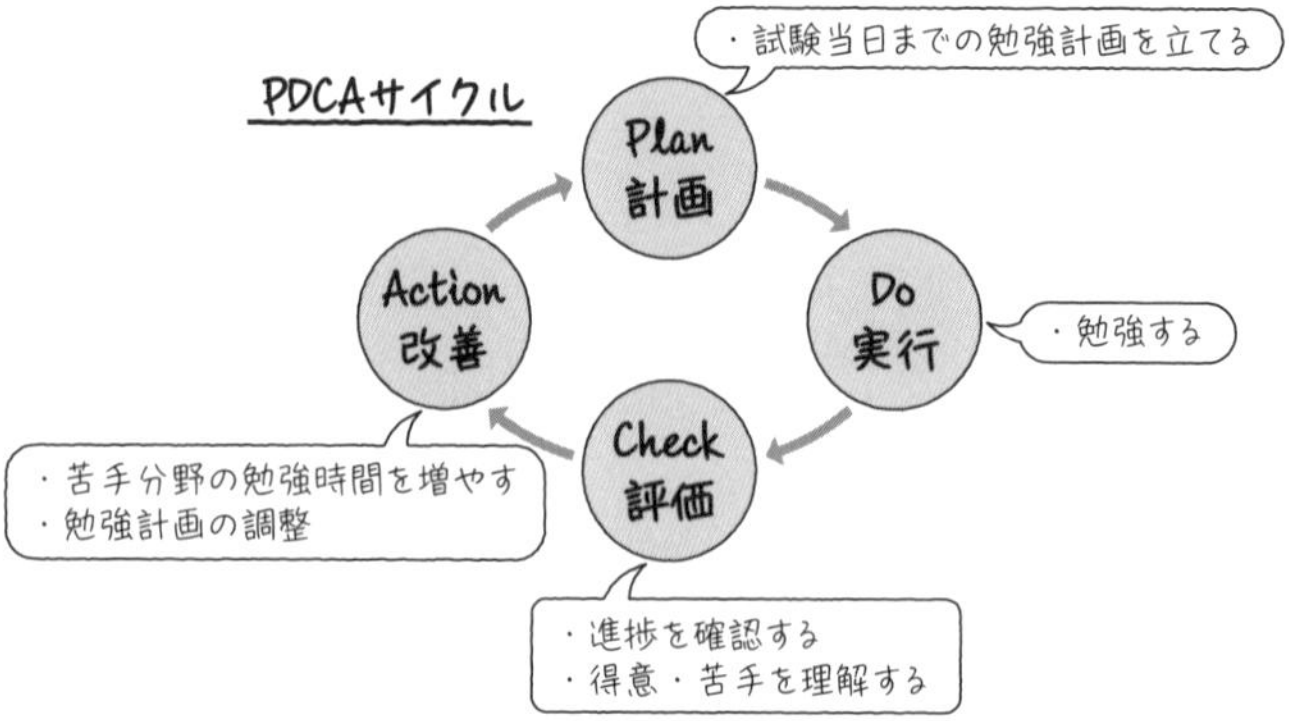
PDCAサイクル
Plan
計画
・試験当日までの勉強計画を立てる
Do
実行
・勉強する
Check
評価
・進捗を確認する
・得意・苦手を理解する
Action
改善
・苦手分野の勉強時間を増やす
・勉強計画の調整

「PDCA」という言葉をご存じでしょうか。Pは「PLAN：計画する」、Dは「DO：実行する」、Cは「CHECK：評価する」、Aは「ACTION：改善する」を表す言葉です。

受験勉強とは、この「PDCA」プロセスを実践することです。資格試験で特に重要なのは「P（計画する）」の部分です。なぜなら、資格試験を受けるという行為は、そうすることを自分で選んで、自分で始めることだからです。

会社員として働いているときには、仕事の大半は会社から与えられるものであり、自分で一から何かを計画して実行する機会は少ないでしょう。資格試験を通してそれをやること自体に価値があります。

やらされる仕事や頼まれる仕事ではなく、自分で計画を立てて、自分で目標を達成するまでやり抜く。そんな経験ができるのは、人生でそう何度もあることではありません。

受験勉強を通してＰＤＣＡサイクルを回すことができれば、それは大きな財産になります。今後もやりたいことや始めたいことが見つかったら、同じように取り組んでいけばいいと思えるようになります。

少し大げさな言い方になるかもしれませんが、主体的な人生を生きるためにも資格試験の勉強は役に立ちます。そんなふうに考えて、ぜひ前向きに取り組んでください。

POINT

受験勉強は「ＰＤＣＡ」。

受験する資格を選ぶポイントは？

資格を取りたいと思ったら、どういう資格を取るのかを考える必要があります。

初めからやりたい仕事や具体的な目的が決まっていて、そのために資格を取るのなら迷うこともないかもしれませんが、人によっては「資格を取ることに興味があるけれど、どんな資格を選べばいいのかわからない」という方もいるかもしれません。

そんな方のために、資格を選ぶためのいくつかの基準について説明します。資格がたくさん載っている本を読んだり、資格試験予備校のホームページやパンフレットを見たりするときにも、以下のことを参考にしてください。

ちなみに、ここで言う「資格」とは、資格試験が存在していて、資格取得までにある程度の対策や勉強が必要であるものを想定しています。

独立開業可能な資格か？

資格を取ってそれを生かして仕事をするつもりがあるのなら、そもそも独立開業ができる資格なのかどうかを必ず確かめてください。

司法書士や税理士は、その資格を取ればその仕事で独立開業ができる代表的な資格です。

ただ、開業できると言っても、実際に働くまでにさまざまな条件や制限がある場合もあります。

たとえば、税理士試験に合格して税理士になるためには、税理士事務所などで2年以上の実務経験を積む必要があります。実際に独立開業を考えているのなら、そのような条件もしっかり確認しておくようにしましょう。それが今後の人生プランにも影響するからです。

また、単に独立開業できるかどうかだけでなく、その資格で認められる独占業務があるかどうか、というのも重要です。

独占業務とは、特定の資格を持っている人以外が行うことが法的に認められていない業務のことです。

たとえば、税務の代理、税務書類の作成、税務相談は、税理士にだけ認められている独占業務です。これらの仕事を税理士以外の人が行うと税理士法違反にあたります。

このような独占業務というのは、資格によって守られている仕事であり、その分だけ競争が激しくないと考えられます。

会社を辞めて自分でビジネスを始めようと考えているのなら、独立開業できて独占業務がある資格を選ぶようにしましょう。

試験の難易度は？

受験する資格を選ぶ際には、その試験がどのぐらい難しいとされているのか、というのもチェックしてください。

ただ、一般的に難しいとされているからといって、最初からあきらめてしまう必要はありません。どうしてもやりたいことがあるのなら、まずは動き出してみればいいのです。

一般的に難関資格と言われるようなものは、取得までにだいたいどのくらいの期間がかかるのか、というのを調べてみてください。人によって勉強に使える時間は違うので、あくまでも目安でしかありませんが、資格ごとの難易度を比べる場合の参考にはなるはずです。

試験によっては、何人が受験してそのうちの何人が合格した、という数字から合格率が出されていることもありますが、これに関してはそこまで意識しすぎることはありません。

倍率の高さと実際の難しさは必ずしも比例していないからです。難しい試験ほど受験生が絞り込まれているので倍率が低くなる、ということもあります。

試験の難しさを考える上では、客観的なデータからわかる難易度だけでなく、自分自身の向き不向きについて考えることも重要です。誰にでも得意なことや苦手なことがあります。

語学が苦手だという人もいれば、計算が得意で数字に強い人もいます。また、暗記が得意な人もいれば、文章読解力がある人もいます。

必死でやれば苦手なことに取り組んでもある程度は結果が出せるかもしれませんが、無理なものは無理と割り切ることも必要です。

また、向き不向きよりさらに重要なのが、そもそも試験内容や仕事内容に興味が持てるかどうかということです。

多少苦手なことであっても、興味があるなら前向きにそれを続けることはできるはずです。**受験勉強では続けられるかどうかが大事なので、興味を持てることに取り組む方が効率的**です。

ただ、興味があるからといって、何でもやるというのはおすすめできません。少し興味がある程度で、実際にはそれほど欲しくはない資格の勉強をしようとしても、モチベーションが上がらず、勉強に身が入らないでしょう。あくまでも自分が続けられそうかどうか、というのを基準にしてください。

自分自身の向き不向きや好き嫌いを踏まえて、試験の内容が自分に合っているのかどうかを意識するようにしましょう。

試験の出題形式と日程は？

試験の出題形式についてもあらかじめ調べておいてください。筆記試験だけ受ければいいのか、実技や面接があるのか。筆記試験は選択式だけなのか、記述式もあるのか。しっかり確認しておきましょう。

一般的には、記述式より選択式の方が簡単であると言えます。記述式の中でも、数十字程度の短めのものもあれば、何百字・何千字もの長い作文を求められることもあります。

語学試験の場合には、リスニングやスピーキングがあるかどうかも重要です。

また、試験は年に何回、いつ、どこで行われるのかというのも調べておきましょう。仕事が忙しい時期と試験日が重なっているのであれば、試験を受けること自体が難しくなるかもしれません。

試験会場が自宅から離れている場合には、そのための交通手段を確保したり、宿泊場所を準備したりするのが必要なこともあります。

試験の日程を調べることで、実際の試験日までのスケジュールを逆算して考えることができるようになります。

受験資格はある？

資格試験を考える上で絶対に見落としてはいけないのが、受験資格があるかどうかということです。どんなに一生懸命に勉強していても、そもそも受験資格がなければ試験を受けることもできません。

資格試験の中には誰でも受けられるものもありますが、受験資格が定められている場合もあります。この点はしっかり確認しておきましょう。

では、自分がどうしても取得したい資格があるのに、受験資格を持っていない場合にはどうすればいいでしょうか。そもそも絶対に不可能な場合はどうしようもないのですが、やり方次第では受験資格が得られることもあります。

たとえば、司法試験を受けるには原則として法科大学院を修了していなければいけないのですが、予備試験に合格していれば、法科大学院を出ていなくても受験をすることができます。

試験によっては受験資格を得るための**「抜け道」のようなやり方が用意されている場合もあるので、しっかりリサーチ**をしてください。試験について調べることから試験は始まっている、と言っても過言ではありません。

独立開業可能な資格か？

試験の難易度は？

出題形式と日程は？

受験資格は？

POINT

試験について調べることから試験は始まっている。

何でもいいなら「ＦＰ」がおすすめ

資格試験の受験を考えている人の中には、特定の目的がなく、新しいことを学ぶこと自体を楽しみにしていて、何でもいいから資格を取りたいと思っている人もいるかもしれません。

そういう方におすすめの資格試験は「ファイナンシャル・プランニング（ＦＰ）技能検定」です。１級から３級まであるのですが、まずは３級から受けてみるといいでしょう。

この試験を勧める理由はいくつかあります。第一に、難易度が低く、少ない勉強量でも受かる可能性が高い試験だからです。「何か資格を取ってみたい」と思っている人が最初に取り組むのに適しています。

私自身も、会社員時代に「ＦＰ３級」を取得したことがきっかけで資格というものに興味を持ちました。

第二に、ＦＰ試験は個人のお金に関する知識を学ぶ試験であり、学習内容が実生活にそのまま役立つものだからです。

ＦＰ試験では、年金、保険、税金、資産運用、相続などに関する基礎的な知識が問われます。

どんな仕事をする人でも、仕事をしていない人でも、お金とかかわらずに生きていくことはできません。**受験勉強を通して誰もが必要とする知識を学べる**のですから、これほど有意義なことはありません。

第三に、ほかの資格にもつながる基礎知識を学べるからです。ＦＰ試験に受かった人が次に別の資格を取りたいと考えた場合、**すでに学んだ知識を生かせる資格がたくさんあります**。

たとえば、会計関係では簿記、公認会計士、税理士などが当てはまります。また、法律関係では宅建士、行政書士、社労士などにもかかわりがあります。

「何でもいいから資格を取りたい」と思っている人は、１つの資格に合格すると、次の資格を取りたくなることが多いものです。

その場合の選択肢がたくさん用意されているという意味でも、ＦＰ試験はおすすめな

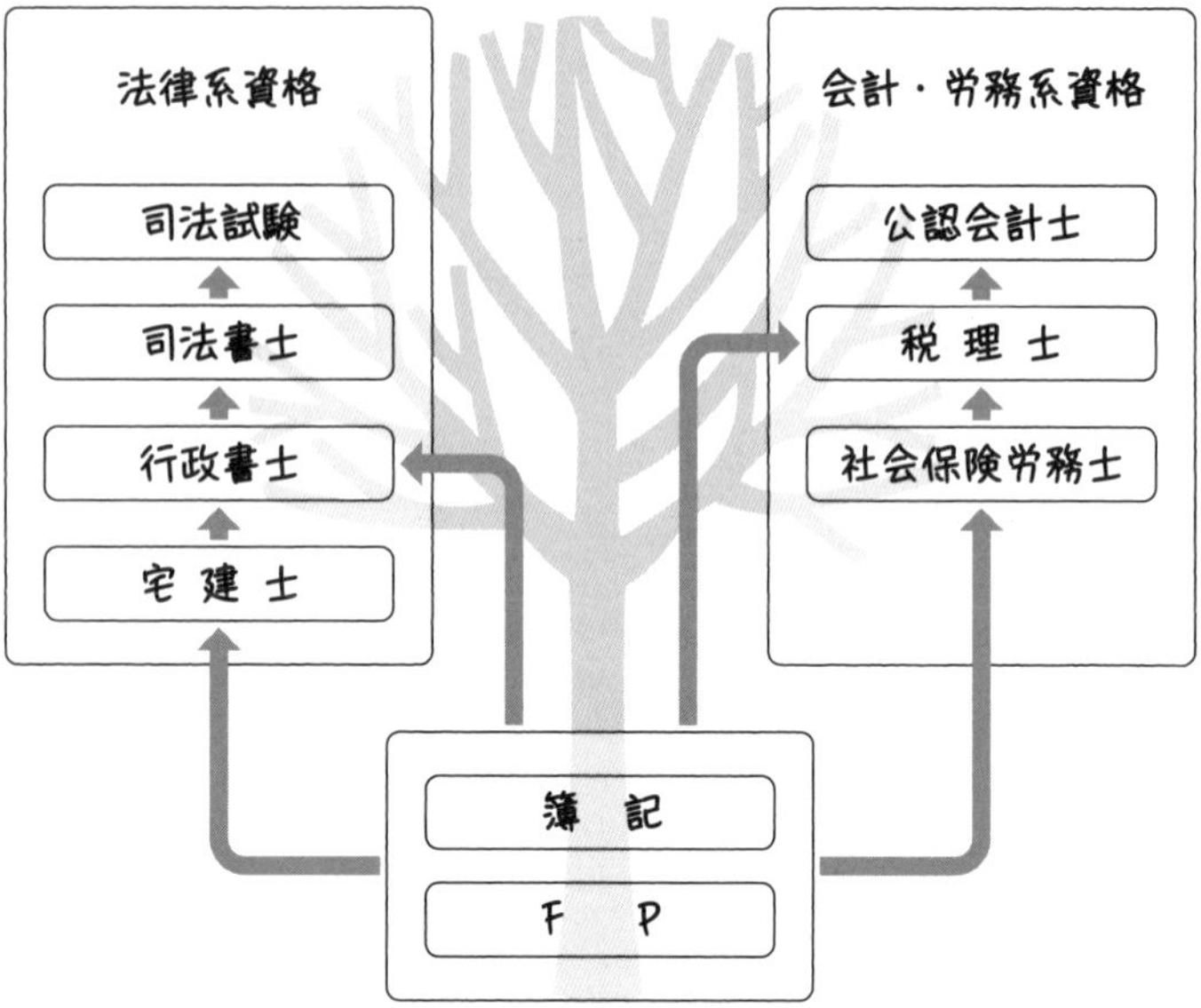

のです。

ちなみに、英語の資格を取りたいと思っているのであれば、英検（実用英語技能検定）から始めるのがおすすめです。

社会人はビジネス英語を学ぶためにTOEICを受ける人が多いのですが、TOEICは英語初心者には難しすぎるので、自信を失うデメリットの方が大きい気がします。

英検は日本の試験なので、日本の学校で学ぶ英語のレベルに合わせて問題が作られているし、出題傾向もはっきりしていて対策も立てやすいです。

自分に合った級から受けて、徐々にステップアップしていくといいでしょう。２級まで受かれば十分です。２級がクリアできたら、そこからＴＯＥＩＣやＴＯＥＦＬなどの勉強を始めればいいのです。

POINT

最初に目指すなら「ＦＰ」。

初歩的な資格からステップアップする

自分が取得したい資格がはっきりしていて、それが難関資格である場合には、その前に関連性の高い別の資格を先に取っておくというのもおすすめです。

たとえば、司法試験や司法書士試験を受けたいのであれば、先に行政書士試験に向けて勉強を始めるという方法があります。

ほかにも、公認会計士試験や税理士試験の前に日商簿記検定を受けるということも考えられます。

これらのケースでは、それぞれの出題範囲の多くが重なっているので、勉強した内容があとから無駄になることはほとんどありません。

このやり方は、勉強の経験が少ない人には特におすすめします。なぜなら、そういう人は受験勉強の途中で挫折してしまいやすいので、**本命の目標の前に小さな目標をクリアして自信をつけた方が良い**からです。

難関資格のための受験勉強というのは、結果が出るまでに何年もかかることがあります。その間にあきらめることなく前向きに学習を続けるためには、自分で中間目標を設定して、まずはそこを目指していくようにするべきです。

中間目標はどういうふうに決めても良いのですが、資格試験を受けるという形にすると、勉強の進み具合が客観的に確かめられる上に、資格も取得できて一石二鳥です。

また、そのような形で勉強を続けた結果、上位資格をあきらめて中間目標にしていた資格でそのまま独立開業する人もいます。たとえば、行政書士として働いている人の中には、もともと弁護士や司法書士を目指していた人もいます。

難関資格を取るために、まずは別の初歩的な資格を目指すという方法もあるということは覚えておいてください。

POINT

初歩的な資格を中間目標にする。

第2章

資格試験に受かるための心構え

資格試験で合格を勝ち取るには、試験勉強というものに対する意識を変える必要があります。効率的な勉強をするための心構えや基本的な戦略について解説します。

勉強にセンスは要らない

「結局、勉強ができる人はもともと頭の回転が速くて才能があるんだよね。そうじゃない普通の人間は、どんなにがんばって勉強をしても、そこまでできるようにはならないんだよ」

あなたはそんなふうに考えたことはありませんか？　もしあるのだとしたら、それは間違いだとお伝えしたいです。

もちろん、人間には向き不向きや好き嫌いがあるので、個々人の間に能力、適性、興味、関心などの差があるのは事実です。

ただ、資格試験に合格できるかどうかは、あくまでもそれに必要な勉強をしていたかどうかで決まるのであって、**才能やセンスはほとんど関係ありません。**

私自身も、東大卒ということもあって「もともと記憶力が良かったりして勉強が得意だったんでしょう」と思われやすいのですが、自分ではそこまで特別な才能があるとは思っていません。

たとえば、カメラで写真を撮るような感覚で、自分の目で見たものを細部までそのまま記憶できる「映像記憶」の能力を持っている人というのは存在するそうですが、私にはそのような特別な能力は何もありません。記憶術や速読術をマスターしているということもないです。

勉強をしていても、学んだことをすぐに覚えられるというわけではなく、同じ問題で何度も間違えたりすることがあります。**ほかの人と違いがあるとすれば、解けない問題があるときにそこであきらめずに、覚えられるまで何度も繰り返し問題を解いているだけです。**

誰もやっていないような特殊な勉強法を実践したり、特別な参考書を使ったりもしていません。勉強のやり方は平均レベルの成績の人とそれほど変わらないはずです。

そんな私に言わせれば、勉強には特別な才能が必要だということはないのです。漠然とそう思っている人は「どうせ自分には無理だから」とあきらめる理由を探しているだけです。才能がないと受からないのであれば、才能がない自分は挑戦しなくていいと思えるからです。

受験勉強というのは、日々の地味な作業の積み重ねです。やればできる、やらなければできない。ただそれだけのことです。勉強に才能は関係ありません。受かるために必要なことを淡々と続けていけばいいのです。

POINT

勉強に才能は不要。

勉強を好きにならなくてもいい

「勉強が得意な人は勉強をするのが大好きなんでしょう。だから、楽しく学んで知識を身につけられる。でも、私は勉強が全然楽しいと思えないから向いていないんだ」

そんなふうに考えている人がいるとしたら、残念ながらそれも間違いです。

私が東大に入ったときに驚いたのは、周囲の同級生の中に勉強好きの人が多いことでした。彼らは嬉々として大学の授業をたくさん受けて、いろいろなことを積極的に学ぼうとしていました。

一方、私自身は、大学入試や資格試験のための勉強をする中で、勉強が楽しいと思ったことは一度もありませんでした。**いつでも「嫌だな、面倒臭いな、受かるかどうか不安だな」などと思いながら**淡々と勉強を続けてきました。

もちろん、興味や関心が一切ないわけではありません。勉強をやることで興味深い知識が得られることもあるし、昨日できなかった問題が今日できるようになった、といったことで小さい達成感を感じられることはあります。しかし、全体としては受験勉強は楽しいものではなく、苦労の方が多かった印象があります。

受験勉強が楽しくない最大の理由は、それが試験に受かるための勉強だからです。たとえば、大学院などで特定の学問の研究をするときには、自分が興味のある分野について深く掘り下げて学ぶことができます。そういう場合には純粋な知的好奇心を満たす楽しさがあるかもしれません。

しかし、受験勉強というのは、ただ楽しいだけでは済まされず、「合格」という結果が求められます。そのためには曖昧な知識を持つだけではなく、自信を持って問題が解けるようなはっきりした知識を積み重ねなければいけません。そこが大変なのです。

たとえば、趣味でやっている草野球は純粋に楽しめるとしても、高校球児が甲子園に出るために猛練習を重ねるのは、楽しさはあっても疲れるとか辛いという感覚も強いのが当然ではないでしょうか。

勉強が得意な優等生たちが、みんな勉強を好きに違いないというのは誤解です。好きではない人もいるし、好きになる必要もないのです。

あなたが資格試験を受ける目的は、ただ試験に受かって資格を取ることだけです。その分野の勉強を好きにならなくても、試験に受かることはできます。勉強が好きではなくても構わないので、受かるためにどうすればいいのかということだけを意識するようにしましょう。

POINT

勉強を好きになる必要はない。

がんばるな！習慣にすれば続けられる

受験勉強を始めるときに「よし、がんばろう！」と決意を固めて気合を入れて取り組もうとする人がいます。前向きに勉強する姿勢自体は良いのですが、個人的にはがんばろうと意識するのはおすすめしません。

なぜなら、「がんばる」とは多少の無理をしているということだからです。大抵の場合、無理をする状態というのは長くは続きません。

最初は「1日8時間勉強する！」などと考えていたとしても、どこかで息切れして、そのペースでは続けられなくなってしまいます。勉強時間が減るぐらいならまだいいのですが、そこで挫折感を味わい、勉強自体をやめてしまう人もいます。

私は、これまで勉強をしてきた経験の少ない人や、久しぶりに勉強を始める社会人の方には「がんばらないでください」と強くお伝えしたいです。そういう人は勉強をする生活に慣れていないので、気合が空回りして挫折してしまう可能性が高いからです。むしろ、**がんばらなくても続けられる態勢を整えることに専念**してください。

簡単に言うと、勉強することを当たり前の習慣にしてしまえばいいのです。今のあなたは、誰かに何かを強制されたわけでもないのに、恐らく毎日学校や会社に行ったり、お風呂に入ったり、歯を磨いたりしているのではないでしょうか。習慣にするとは、そのように何も考えずにできる当たり前の行為にするということです。

勉強も、何日かやっていれば徐々に当たり前のことになってきます。また、やればやるほど実績が積み重なるので、途中であきらめることをもったいないと感じるようになり、モチベーションが上がって挫折しづらくなります。

「三日坊主」という言葉が示しているように、人が何か新しいことを始めようとしたとき、最も挫折しやすいのが最初の時期です。

受験勉強も最初が肝心です。ここを何とか乗り切って、毎日の勉強が当たり前の習慣になれば、特に苦痛に思うことなく続けていけるはずです。

最初のうちは、勉強で結果を出すことや点数を伸ばすことにこだわる必要はありません。それよりも、日々の勉強を習慣化することを心がけてください。そのためには「がんばらない」ということを意識しましょう。

ちなみに、勉強を習慣にするための具体的なコツは別の項目（↓P．105）で詳しく解説していきます。

POINT

勉強を日常にする。

アウトプット中心の学習をする

合格のために効率の良い勉強をする一番のポイントは「アウトプット中心の学習をする」ということです。自分の頭に知識を入れるのではなく、自分の頭から知識を引き出すのを重視するということです。

学生時代の受験勉強や資格試験のための勉強などで、それなりに真面目にやっているはずなのに結果が出ないという人のほとんどは、ここを間違えているのではないでしょうか。

学校や予備校で授業を受ける。ノートをとる。ノートに重要事項をまとめる。教科書やテキストを読む。覚えたい英単語を何度も繰り返し書いたり、声に出して読んだりする。

これらは一般的な勉強のやり方だと思われるかもしれませんが、実はすべて「インプット学習」にあたります。

こういうことをするのが必ずしも悪いわけではないし、全くやらなくていいというわけではないのですが、学習の要点はインプットよりもアウトプットにある、ということを意識してください。

たとえば「英単語を暗記する」ということについて考えてみましょう。そのためにやる作業としては「英単語を見る」「紙に書き写す」「実際の発音を聴いてみる」などが考えられます。

いずれも必要なことではあるのですが、それよりも優先的にやるべきなのは、その単語を自分が覚えているかどうかを何度もチェックすることです。

単語帳を使うのであれば、日本語の意味だけを見て、英単語を思い出せるかどうか、正しく書けるかどうか、というのを試してみる。あるいは、英単語だけを見て、日本語の意味を思い出せるかどうかをやってみる。

または、英単語のスペルだけを見て、自分がそれを正しく発音できるかどうかを確かめてみる。アウトプット中心の学習とはそういうことです。

とにかく、このようなアウトプット学習を地道にやっていくということが本当の勉強なのです。なぜなら、受験勉強は試験に受かるためにやるものであり、**試験で問われる**

のは、その場で目の前の問題に対する正しい答えを書くというアウトプットの能力だからです。

たとえば、英単語のスペルを覚えるために、その単語を何十回も書き写す人がいるとします。その作業自体は無駄ではないのですが、そもそもその作業は何のためにやっているかというと、何も見なくても正しいつづりでその単語を書けるようにするためにやっているわけです。

それならば、何回か書き写した後は、何も見ずにその単語を正しく書けるかどうかをチェックする、という作業が欠かせません。

勉強をしている割に成績が伸びない人は、この段階が抜けていることが多いのではないでしょうか。何十回も単語を書いても、覚えていなければ意味がない。だからこそ、覚えているかどうかを何度もチェックする必要があるのです。

普段の勉強では「自分は何のためにこの作業をやっているのか」というのを忘れないようにしてください。それを意識していれば、自然とアウトプット中心の学習ができるようになるはずです。

あらかじめ言っておくと、アウトプット中心の学習とは心理的負担が大きく、面倒なものです。なぜなら、自分が本当にその内容を覚えられているかどうかを何度も試すことになるので、何回やっても覚えられないという厳しい現実を突きつけられたりすることになるからです。

しかし、この段階を踏まなければ試験に合格するための力はつきません。単語を何回書き写しても、ノートをきれいにまとめても、それは単純作業をしているだけであり、点数を伸ばすことにはつながらないのです。

試験本番で問われるのは、目の前の問題を解けるかどうかということ。つまり、出題内容に合わせて正しい単語や解き方や方程式を思い出して、それを正確に解答用紙に書けるかどうかということです。

「アウトプット中心の学習をする」というのは、本書で書いている内容の中で最も重要なことの1つです。

最初のうちは面倒かもしれませんが、**これをやらなければ何もやっていないのと一緒**です。**そのぐらいアウトプットは重要**だというのを覚えておいてください。

POINT

アウトプットに特化する。

予備校に行けば受かるわけではない

資格試験を受けようと決めたら、とりあえず予備校に通うという道を選ぶ人も多いかもしれません。もちろん、それはそれで1つの有効な選択肢です。

予備校では、資格試験に関する膨大な量のデータが蓄積されていて、それに基づいてテキストや問題集が作られたり、カリキュラムが組まれたりしています。

定期的に受ける講義は学習のペースメーカーにもなるし、講師の解説によって理解が深まることもあるでしょう。合格するためのお膳立てが整っているから頼りになる。そういう側面はあります。

しかし、これから受験勉強を始める人が「予備校にさえ通っていれば大丈夫」などと思っているのだとすれば、それは危険であると言いたいのです。

どこの予備校もあまり表立って言っていないことですが、予備校に通ったからといって誰もが試験に合格できるわけではありません。

特に、社会人が難関資格を目指す場合には、そこに大量の挫折者が存在することを忘れてはいけません。

資格試験の世界では、司法試験や司法書士試験に比べると簡単だと言われている行政書士試験ですら、毎年合格率は10％前後なのです。

倍率がすべてではありませんが、10人受けて１人しか受からない試験だと考えると、決して甘くはないということがおわかりいただけるのではないでしょうか。

予備校で授業を受けているときに、教室全体をザッと見回してみてください。大まかに考えても、そこにいる受講生のうち、10人中９人が不合格になってしまうのです。決して「予備校に通えば受かる」というものではありません。行政書士試験を例にしましたが、どんな資格試験でも基本的な状況は同じです。

予備校のパンフレットなどでは「資格さえ取ればバラ色の未来が待っている！」「予備校に入れば合格できる！」とでも言わんばかりの魅惑的な宣伝文が書かれています。しかし、それを鵜呑みにして、自分で勉強することを疎かにしてはいけません。

予備校というのは、参考書や問題集と同じで、勉強のためのツールの１つに過ぎません。それをどう活用するかが大事なのであって、盲信して頼り切ってはいけないのです。

予備校側ができるのは、あなたが勉強をするための環境を整えることだけです。肝心の受かるための勉強自体は、あなたが自主的にやらなければ始まらないのです。

どんな資格試験であっても、予備校の講義を受けているだけで合格できるほど甘くはないものです。講義を受ける以外にも、自分で問題を解いて、解説を見て、理解して、それを再び確認する、といった地味な作業を繰り返さない限り、試験に受かる実力はつきません。

私は決して予備校の存在を否定しているわけではありません。予備校は受験対策のプロフェッショナルであり、頼もしい存在であるのは事実です。しかし、そこに全面的に甘えてしまい、安心するのは危険なのです。

予備校は、たとえあなたが試験に落ちても何の責任も取ってくれません。資格試験の勉強は自分の責任で行うものです。予備校に行くとしても行かないとしても、自分で勉強を進めるんだという覚悟を持ってください。

POINT

予備校はツールに過ぎない。

「独学」のススメ

私自身は、これまでの人生で予備校や学習塾に通ったことがありません。大学入試も行政書士試験も独学だけでクリアしてきました。

予備校に通うことに比べると、独学には多くのメリットがあります。たとえば、「お金がかからない」「通学や講義に時間を取られない」といったことが挙げられます。

それらに加えて、私が思う**独学の最大のメリットは、勉強の効率が良い**ということです。

予備校に行かずに独学をする場合には、どういうテキストや問題集を使って、どのように勉強を進めていくのかということを、すべて自分で考えて決められます。

今の自分に何が必要なのかということは、自分自身が一番よくわかっています。だからこそ、独学では勉強を効率的に進められるのです。

たとえば、試験範囲にパート1からパート5まで5つの分野があるとしましょう。その中で、パート３に関しては自分が得意としていて、すでに十分な理解ができており、これ以上の勉強は必要がないと思っているとします。また、パート５に関しては特に苦手にしていて、よくわかっていない状態であるとします。

その場合、独学であれば、今後はパート３の勉強はほどほどにして、ほかの４つの分野だけを集中的に学んでいくことができます。中でも、自分が苦手なパート５のところに勉強時間を多く費やして、掘り下げて学習をすることができます。

一方、予備校の講義では、そのような個々人の理解度の違いは考慮に入れられないので、パート１からパート５までを同じ分量だけ教えられることになります。パート３がすでにわかっている人にとっては、無駄な時間が発生することになります。また、苦手なパート５に関してもほかのパートと同じ程度しか指導されないので、そこを重点的に学習することもできません。

予備校では、あらかじめ決められたカリキュラムに沿って講義や模擬試験が進められるので、自分のペースに合った勉強ができないことがあるのです。

特に、会社勤めをしている社会人の方などは、勉強に使える時間が限られていること

POINT

独学が最も効率的。

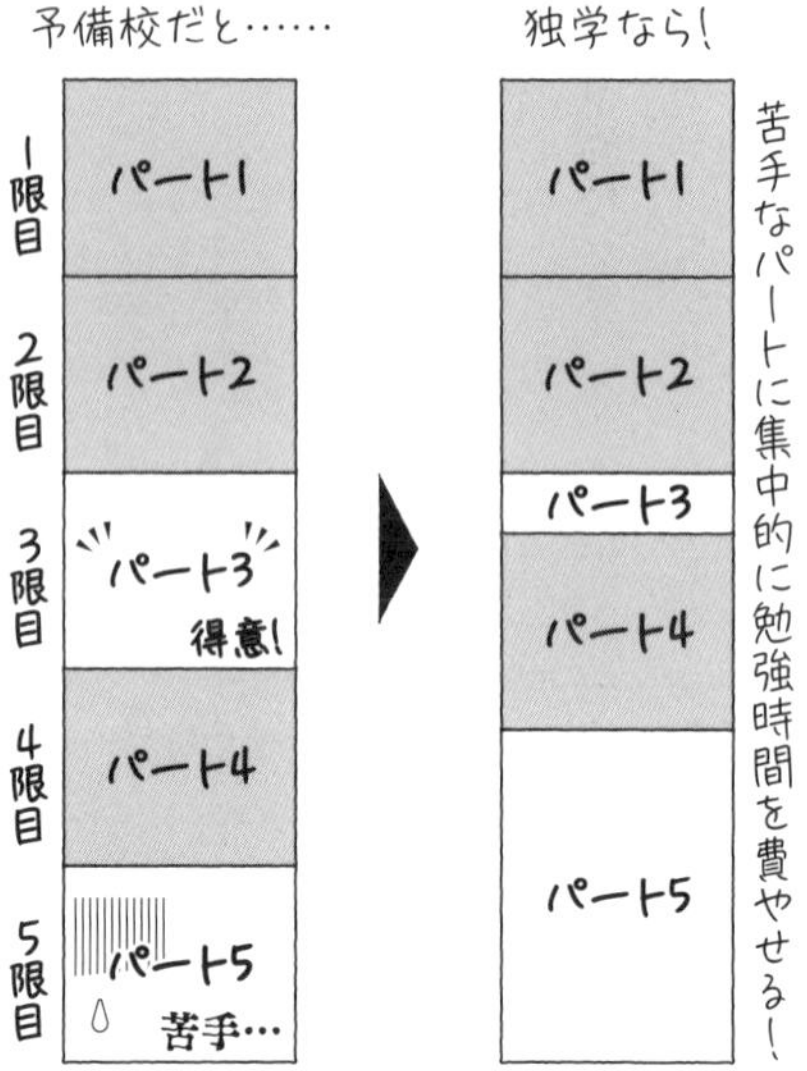

も多いのではないでしょうか。その場合、無駄なことをしている余裕はないはずです。

最短ルートで効率的に勉強を進めるためには、独学という選択肢もあることを覚えておいてください。

試験の情報を入れすぎない

私自身は、試験を受けると決めたら、それに関連する情報を徹底的に調べるタイプです。もちろん、自分が受験する試験について基本的なことを確認しておくのは重要なことです。

しかし、いつまでもあれこれと試験にかかわる情報ばかりを調べていて、肝心の勉強になかなか手がつけられないという事態に陥ってはいけません。

特に、今の時代はインターネットというものがあるので、何かについて情報を集めようと思えば、いくらでも集められるという環境にあります。その状況が整っているのは、必ずしも良いことではありません。自分が不安になるような情報や、役に立たない無駄な情報までも、いくらでも際限なく手に入れることができてしまうからです。

勉強をするためには、集中するための時間と環境が必要です。試験に関連する情報を入れている間は、頭が勉強モードになりません。

情報は必要最低限でいいのです。こういう試験があって、この日に受験があって、出題形式はこういうものである。このテキストと問題集を使って、こういうふうに勉強をやっていこう。

このぐらいの大まかな方針を決めたら、あとはひたすら勉強自体に集中してください。それ以上の細かい情報を集めてもあまり意味がありません。

試験について調べすぎることの弊害は、自分にとって不利な情報に触れて怖気づいてしまうということです。

たとえば、一流大学を卒業した人が、10年かかってようやく難関資格の試験に合格した、という情報があるとします。これを知ったとき、人によっては「高学歴の人でもこれだけ苦労しているのに、大学も出ていない私が何年がんばっても受かるわけがない」などと思ってしまうかもしれません。

また、何年も受験を繰り返し、結局受からないままあきらめてしまった人の体験談に触れることもあるかもしれません。

そのような試験にまつわる体験談を見るときには、あくまでも他人事として参考程度に受け止めてください。初めから自分とは関係のない話だと割り切っておくことが重要です。

そもそも、同じ資格試験を受ける人であっても、人によってそれぞれ立場、能力、適性、使える時間、環境などが違うので、他人と比較しても意味がないのです。

同じ意味で、特定の試験について、難易度や合格率をやたらと気にしたり、必要な勉強時間の量を気にする、というのもあまり意味がないことです。資格同士を比べるときに参考にする程度なら構いませんが、全面的に信じてはいけません。

インターネットで情報があふれている時代だからこそ、自分に入ってくる情報の量をコントロールする技術が必要なのです。

POINT

試験マニアになるな。

曖昧な知識は役に立たない

勉強に臨むにあたってぜひとも覚えておいていただきたいのが「本番の試験では曖昧な知識は役に立たない」ということです。勉強をするときには、覚えるべき内容をリストアップしたら、それを試験に使える形で完璧に覚えなければいけません。

何となくわかっているとか、選択肢があればその中からどれが正しいかは選べるとか、その程度ではダメなのです。

はっきりと、これの答えはこれである、と言い切れるぐらい確かな知識を持って、理解を深めておかないと、なかなか問題は解けません。

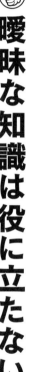

普段の勉強でも、常にこのことを意識してください。同じ問題を何度も解いていると、きちんと理解していないままで何となくわかったつもりになってしまうことがあります。

その状態でいざ本番を迎えても、試験では誰も助けてくれる人はいないし、テキストや問題集を見直すこともできません。自分の頭の中にあるものだけで何とか戦うしかないのです。

勉強をするときには、そんな試験の厳しさというものをわかっていないといけません。普段から「曖昧な知識ではなくしっかりした知識を身につける」という気持ちで勉強を続けていってほしいのです。

これは決して簡単なことではありません。知識を定着させるにはそれなりに時間もかかるし、同じことを何度も繰り返すことになるので、気が滅入ってくるかもしれません。でも、合格のためにはそれが必要なのです。

曖昧な知識を持っているのは、知識ゼロと同じです。完璧にわかっていて初めて問題が解けるのです。普段から意識を高く持って勉強を続けてください。

POINT

曖昧な知識は何もないのと同じ。

人に説明すると頭に入りやすい

順調に勉強を進めていって、それなりに知識が身について理解が深まってきたと感じたとき、自分の理解度を簡単にチェックできる方法があります。それは、学んだ内容を他人に説明することです。

たとえば、あなたが法律の勉強をしているとして、他人から「先取特権って何？」と聞かれたら、どういうふうに説明をするでしょうか。

勉強したことの中からテーマを決めて、その分野の知識がない家族や友人に対して、わかりやすく説明をしてみてください。

実際に説明をしてみると、頭が整理されて記憶が定着する効果もある上に、自分がきちんと理解できていない部分や覚えられていない部分が浮き彫りになったりもします。そういうところは改めて調べてみて、きちんと説明ができる状態にしておきましょう。

やってみるとわかることですが、少しでも知識に曖昧な部分があると、他人にきちんと説明をすることができません。これをやることで、自分がその内容をどのくらい理解しているのかということがわかります。

この方法は、実際に他人に説明をしなくても使うことができます。**「これを他人に説明するとしたらどういうふうに話せばいいんだろう」と考えて、頭の中でシミュレーションしてみれば良い**のです。

人に説明するというのは効率の良い勉強法です。なぜなら、これも一種のアウトプットだからです。

原則として、勉強時間の大半は問題を解くことにあてるべきですが、そこで学んだ知識が自分のものになっているかどうかを確かめるためには、他人に説明をするというのをぜひ試してみてください。

POINT

説明すると覚えられる。

第3章

絶対に挫折しない計画の立て方

勉強を始める前には学習計画を立てましょう。得点に結びつかない無駄な作業を排除して、限られた時間で効率的に勉強をするためのポイントを解説します。

「合格最低点」を確認する

資格試験を受けることを決めたら、まずはその試験に関する基本的な情報を確認してください。自分に受験資格があるのか、何月何日に試験が行われるのか、試験時間は何分か、どんな問題が出るのか、選択式か記述式か、合格点は何点で合格率は何％なのか、といったことです。

こういったことは、当然調べるべき最低限の情報です。これを確認しないでいきなり勉強を始めたり、テキストを読み始めたりするというのはおすすめできません。それは、目的地も決めずに航海を始めるようなものだからです。

この中で最も重要なのは「受験資格」「試験日時」「受験申込み期間と申込み方法」です。受験資格がなければそもそも受けることができないし、受験日時がわかっていないと計画が立てられません。受験申込み期間を確認していないと、申込みをうっかり忘れてしまう危険性もあります。

試験自体に関する情報として次に重要なのは、合否の基準となる合格最低点を確認することです。何点満点のテストで何点以上を取れば合格なのか、というのが試験ごとに定められています。

試験によってははっきりした合格最低点が決まっておらず、成績上位者から一定の人数までを合格とする場合もありますが、それでも実際の合格最低点がだいたいどのくらいになるかというのは決まっていて、調べれば出てくることが多いです。

たとえば、行政書士試験では「満点の60パーセント以上」が合格基準として定められています。行政書士試験は３００点満点なので、１８０点以上取れば合格できるということになります。

合格最低点を調べる理由は、この点数を取ることが最終的な目標となるからです。行政書士試験であれば、１８０点を取ればいいということなので、３００点や２５０点を無理に狙う必要はありません。１８０点で十分なのに、２５０点を取るつもりで勉強をすると、やらなくてもいいことを大量にやる羽目になり、無駄が多くなってしまいます。

行政書士試験の場合は……

6割の点数が取れれば合格！

合格するためには？

出題形式	科目	配点	目標
択一式	基礎法学	8点	4点
	憲法	20点	12点
	民法	36点	20点
	行政法	76点	60点
	商法	20点	4点
多肢選択式	憲法・行政法	24点	20点
択一式	一般知識	56点	32点
記述式	行政法・民法	60点	30点
	合計	300点	182点

満点　　これで十分

試験がいくつかの科目に分かれていて、それぞれの配点が決まっている場合には、その科目ごとに目標とする点数を決めましょう。

たとえば、行政書士試験であれば、憲法、民法、行政法、商法（会社法）、一般知識の5つの科目に分かれています。

合格最低点が180点なので、憲法で○点、民法で○点、というふうに科目ごとの目標点を決めて、その合計が180点になるようにします。科目ごとにその点数を取るための勉強をすると考えればいいのです。

科目ごとの配点や難易度、自分自身の好き嫌いや興味の度合いに合わせて、各科目の目標点は自由に変えて構いません。全体で6割取れば合格だからといって、全科目で6割を狙う必要はないのです。

さらに言うと、**科目数が多い試験の場合には「この科目は一切勉強しない」という「捨て科目」をあえて作る方法**もあります。

たとえば、私が受験した行政書士試験の場合、商法は３００点満点のうちわずか20点分しか出題されません。しかも、1問4点の5択問題が5問出題されるだけなので、一切勉強せずに勘で答えても平均4点は取ることができます。

たとえ必死に勉強したとしても、全問正解できるとは限らず、4問ぐらいしか解けないかもしれません。4問なら16点。勉強時間ゼロのときと比べて、得点はたった12点しか変わりません。

この12点を取るために商法を一生懸命勉強するのは効率が悪いと思い、完全に切り捨てることにしたのです。それでも、ほかの科目で6割以上の点数を確保することで、何とか合格することができました。

真面目な人ほど、すべての科目のすべての分野をまんべんなく勉強しなければいけないと思いがちですが、目的はあくまでも試験に受かることです。受かる可能性を高めるためには、あえて捨て科目を作るのも有効な選択肢になることがあります。
そのためにも合格最低点をしっかり確認して、それを取るために何をすべきなのかを考えるようにしましょう。

POINT
試験勉強の目標は「合格最低点」の確保。

必要な勉強時間を確保する

試験の概要をつかんで、合格最低点が確認できたら、さっそくスケジュールを立てましょう……と言いたいところですが、その前にやるべきことがあります。それは、そもそも受験勉強に費やせる時間がどのくらいあるかを確認することです。

必要な勉強時間が確保できないのであれば、その中でどうがんばっても合格することは難しいからです。

まずは、各試験ごとに必要な勉強時間の目安を確認しましょう。これは、公式に決められたデータがあるわけではありませんが、関連書籍や関連サイトを調べていれば、大まかな数字は出てくるはずです。

仮に、合格までに勉強時間３００時間が必要な試験があるとして、試験日までの残り日数が１００日あるとします。この場合には、試験日までに毎日３時間の勉強時間を確保できるかどうか、というのを考えればいいのです。

勉強にはある程度のまとまった時間が必要です。もちろん、細切れの時間で少しずつ勉強を進めることもできますし、それを否定しているわけではありません。

しかし、問題を解いたり解説を読んだり、それを理解しようとしたりするのには時間がかかるものなので、できるだけまとまった時間を取るようにしましょう。

10分の勉強時間が6回あるよりも、60分の勉強時間が1回あった方が勉強は効率的に進められます。

勉強時間は合計で考えればいいので、平日と土日で変えても構いません。仕事がある平日の勉強時間は少なめにしておいて、それを取り戻すために土日の勉強時間を増やすという手もあります。

ご自分の仕事などの予定も踏まえて、勉強時間をどのくらい取れるのかを考えてみてください。

POINT

まとまった時間を取る。

勉強時間が足りない場合には？

では、直近の試験日までに必要な勉強時間を確保できない場合にはどうすればいいでしょうか。大きく分けて3つの方法があります。

・受験をあきらめる
・試験日を変更する
・何とかして勉強時間を確保する

当然ながら、受験をあきらめるというのも1つの選択肢です。試験は受かるつもりで臨むべきなので、ほとんど受かる見込みがないのなら、初めから受けない方が良いでしょう。

時間が足りないのなら、受験する試験日を変更するのも1つの手です。たとえば、だいたい1年間ぐらい勉強しなければいけないとされる難関資格の試験日が、今から3カ月後に迫っているとします。

たった３カ月の勉強でその試験に受かる可能性が低いのなら、いったんそこで受けるのはあきらめて、その1年後にある次の試験日を目指せば良いのです。

そこで受けるつもりなら、時間はまだ1年３カ月あることになるので、じっくり勉強すれば間に合う可能性もあります。

ちなみに、たとえ合格の可能性は低くても、試験の雰囲気をつかむために最初の機会に受験はしてみるという手もあります（↓P．１７３）。

そして、あきらめたくもないし直近の試験日でどうしても受かりたいという方は「何とかして勉強時間を確保する」ということを考えなければいけません。ここでのポイントは、あらゆる可能性を突き詰めて考えることです。

たとえば、あなたが普段、乾燥機能のついていない洗濯機を使っていて、洗濯物は自らの手で干しているのなら、**新しく洗濯乾燥機を購入すれば、洗濯物を干したり取り込んだりする時間を削ることができます**。

また、手で使う掃除機の代わりにロボット掃除機、手で食器を洗う代わりに食器洗浄機などを導入するのも時間の節約になります。

「資格試験のために洗濯乾燥機を買わないといけないの？」と驚く方もいるかもしれません。しかし、勉強時間の確保はそのぐらい優先順位の高いことなのです。

ダラダラと勉強を続けて、何度も試験に落ち続けていれば、その間の予備校代、テキスト代、勉強時間などはすべて無駄になってしまいます。

試験に受かるためには一定の勉強時間は絶対に必要なものです。お金で時間が買えるのなら、無理のない範囲で買った方がいいのです。

また、お金を使わなくても、勉強時間を取るためにできることはたくさんあります。たとえば、普段より1時間早く起きるようにして、出勤前に会社の近くのカフェなどで勉強する、といったやり方もあります。

とにかくどんな手段を使ってもいいので、必要な勉強時間を確保してください。

勉強を始める前に勉強時間を取れるかどうか確認するというのは、当たり前のことのようですが、意外とできていない人も多いのではないでしょうか。

これをやらずに見切り発車で勉強を始めてはいけません。なぜなら、無謀な計画ほど挫折しやすくなるからです。

また、最初に「1日につきこのぐらい勉強できる」ということがわかっていないと、思ったように勉強が進まなくて焦ったりすることにもなります。

資格試験の勉強というのは、誰かに命令されてやるものではなく、あなたが自分の意志で始めることです。

その過程を見守っている人が自分しかいないので、もともとサボりやすく、挫折しやすい環境にあるのです。そこで勉強をあきらめてしまわないようにするためには、まずはしっかりと勉強時間を確保しておくことが重要なのです。

POINT

勉強時間はお金を払ってでも買う。

スケジュールは「問題集3周」をベースに考える

勉強時間が確保できることがわかったら、試験日までの大まかなスケジュールを立てましょう。

具体的にどういう勉強をすればいいのかということに関しては、第5章（↓P．131）で詳しく説明しますので、ここでは簡単にまとめます。

勉強の中心になるのは問題を解くことです。資格試験の勉強で用いる問題集は、過去問（実際の試験で過去に出題された問題）が収録されている「過去問題集」と、それ以外の問題集の2種類があります。

比較的難易度が低い試験では、過去問題集さえしっかりやっておけば合格点に達するので、過去問題集に取り組むことが勉強時間の大半を占めることになります。

一方、難しい試験では、過去問題集以外にも問題を解く必要があることが多いので、それ以外の問題集も併用することになります。

ただし、その場合でもたくさんの種類の問題集に手を出す必要はありません。できるだけ数は絞り込んで、同じ問題を何度も解いて確実にできるようにしておくことが大切です。

いずれにせよ、問題集を解くことがメインの作業になるので、それをベースにしてスケジュールを立てていきます。

問題集は「1冊につき最低3周する」というのが基本です。3周というのは、収録されているすべての問題を最低3回ずつは解いて頭に入れるということです。

ただ解きっぱなしにするのではなく、解答を確認した後で解説を読んでしっかり理解する、その後でまた問題を解いてみる、といった作業を繰り返します。

そんな感じで問題集を最初から進めていって、最後まで行ったら「1周」と考えます。これを3回やれば3周になります。

この勉強法の詳細については別の項目（↓P．１４５）で解説しています。

問題集を3周することを学習の基本として、大まかなスケジュールを組み立ててみてください。

たとえば、300問収録されている問題集をやる必要があるなら、「300問×3周」で900問を解く作業が必要です。これを100日間の勉強で終わらせるには、単純計算で1日9問やればいいということになります。

300問収録の問題集
3周する（3回ずつ解く）
ということは……
900問を解く
100日間の勉強で
終わらせるためには……
1日9問
を解く

こうやって問題集を3周するためのスケジュールを組んでください。実際には、これ以外にも確認のために問題集を何度も繰り返す必要があるし、模擬試験などで時間が取られることもあるので、それらを踏まえてある程度は余裕を持ったスケジュールを組むようにしましょう。

POINT

勉強の基本は「問題集3周」。

👍 進み具合を定期的に確認する

勉強の計画を立てる上では「この時期までにこの問題集を3周する」という全体的なスケジュールと、「1日9問の問題を解く」という1日単位のスケジュールの両方を意識することが重要です。

普段は、1日単位のスケジュールを考えて、その日のノルマを達成することだけに全力を注いでください。

そして、1〜2週間ごとに全体的なスケジュールを振り返って、計画は順調に進んでいるのか、このペースで間に合うのかどうか、といったことを確認するようにしましょう。

このときに一度立てた計画を変更することを恐れる必要はありません。なぜなら、勉強を始める前の段階で完璧なスケジュールを立てられるはずがないからです。

勉強を始めてから、最初に立てたスケジュールどおりにはできないと気付くのはよくあることです。

1日9問の問題を解くつもりだったのに、どうやっても5問しか解けないということがわかるかもしれません。そのようなときには、臨機応変にスケジュールを練り直せば良いのです。

逆に、最初に思っていたよりも勉強が順調に進んでいくということもあります。もともと問題集を3周するつもりだったのに、2周目が終わった段階で結構できるようになっていて、3周目は思ったより時間がかからない、といった嬉しい誤算が起こる可能性もあります。そのような場合には、追加でほかの問題集などをやる計画を立てたりしても構いません。

勉強の計画は一度立てたら終わりではありません。それを定期的にチェックして、メンテナンスしていくのも大事なことです。

なぜなら、最も重要な目的は、スケジュールをこなすことではなく、試験に受かることだからです。その目的のためなら、必要な勉強はこれだ、という判断が途中で変わってしまっても一向に構わないのです。

POINT

短期プランと長期プランを両方チェックする。

無駄な作業をするな

スケジュールを立てるときのコツは、無駄な作業を一切しないようにする、ということです。問題集などの問題を解くことだけを勉強の基本にして、それ以外のことには時間を使わないようにしましょう。

これまでに受験勉強の経験が少ない人は、ついつい点数に結びつかない無駄なことをやってしまいがちです。それを徹底的に排除することを心がけなければいけません。

「無駄な作業」の代表例は以下のようなことです。

・テキストを読む
・講義中にノートをとる
・テキストやノートに線を引いたり印をつけたりする
・試験内容に関連する一般書や学術書を読む
・難しすぎる問題を解く

・捨て科目を勉強する

要するに、**問題を解くこととそれに関連する一連の作業（解説を読む、わからないことは調べる、など）以外は、原則として何もしてはいけません。**

先ほど挙げた個々の作業が無駄である理由について簡単に解説します。

テキストを読む

勉強の初期段階でテキストを読んでも、書いてあることがすぐには理解できなかったり、忘れてしまったりして、あまり意味がないことの方が多いです。

それよりも、いきなり問題を解いてみて、解説を読んで解き方を理解する方が大事です。

講義中にノートをとる

予備校などの講義を受ける場合には、講師の話を聞くことに集中してください。個人的に覚えたいことだけを簡単にメモする程度なら良いのですが、板書をそのまま写すような形でノートをとるのは、集中力が削がれるし非効率的です。

テキストやノートに線を引いたり印をつけたりする

色とりどりのペンでテキストやノートをきれいに飾ったりしても、試験の点数は1点も上がりません。自分なりにルールを決めて傍線を引いたりすること自体は必ずしも悪いわけではないのですが、その作業だけで勉強した気になって満足してはいけません。

試験内容に関連する一般書や学術書を読む

最初に試験内容の大枠をつかむために入門書を1～2冊読むぐらいなら良いのです

が、そこに深入りしてはいけません。

特に、難しい資格の場合、受験勉強のレベルを超えて知識を深めないといけないと合格できないのではないかと思い込んでしまい、学者が書いた専門的な学術書などを読んでしまう人がいます。

そのような作業は点数に直結しないので、結局は遠回りになります。

もちろん、試験に受かった後で専門家として独り立ちするためには、試験範囲を超えた専門的な知識を学ぶ必要があるのですが、試験までは受かることだけに専念してください。その範囲を超えた余分な作業をしている暇はないのです。

難しすぎる問題を解く

どんなに難しい資格試験であっても、合否の分かれ目となるのは基本的な知識の有無です。難しすぎる問題はほとんどの受験生が解けないので、そこではあまり差がつきません。

きちんと勉強していれば誰でも解けるような問題をすべて落とさずに解けるように

なっていれば、ほとんどの資格試験で合格圏内には達するはずです。

捨て科目を勉強する

科目数が多い試験の場合、あえて一切勉強をしない捨て科目を作るという方法もあるということを説明しました。捨て科目と決めた科目については、試験日まで一切勉強をしないでください。

本番が近づくとついつい不安になって「少しだけ勉強しておこうかな」などと思ってしまいがちですが、絶対に手をつけてはいけません。

捨て科目をやる暇があったら、もっと**配点が高く重要度が高い主要科目をしっかり勉強するべき**です。その方が合格の可能性は上がります。

受験勉強の世界では、余計な寄り道や落とし穴が大量にあります。そういうものを避けていって、必要最低限の勉強だけをしっかりやるというのが、合格のためには一番の近道なのです。

POINT

無駄な作業をゼロにする。

第4章

勉強のための時間術と習慣化の技術

受験勉強で挫折しないためには、時間を確保することと、勉強を習慣化することが最も重要です。そのための具体的なノウハウをお伝えします。

「効率」よりも「習慣化」が大事

本書の中ですでに何度か書いていることですが、試験合格のために最も重要なことは、挫折せずにコツコツ勉強を続けることです。そのためには、毎日の勉強が当たり前の習慣になっている状態を目指すべきです。

なぜこれをしつこいくらい強調するのかというと、社会人が資格試験の勉強をする場合には、途中であきらめてしまうケースが多いのではないかと思うからです。

高校受験や大学受験の場合、多くの人は何とかしてどこかの高校や大学には入らなくてはいけない、という前提で勉強をしているはずです。自分自身の目の前の進路にかかわることなので、それなりに真剣です。

しかし、社会人が資格試験を受ける場合、最初からそこまでの真剣さを持てる人は多くはありません。

本人は真面目に取り組んでいるつもりでも、会社勤めなどをしていて働きながら勉強をする場合には、たとえ受からなくても今の仕事がそのまま続くだけで、自分の生活には支障がないからです。

だからこそ、いったん勉強を始めようと決めたのなら、何としても最後までやり遂げてもらいたいのです。

そのためには勉強を習慣化することが必要です。ただの習慣として定着させてしまえば、さほど苦労もなく勉強を続けることができます。

本書では、効率的な勉強のやり方についてもある程度は説明していますが、個人的には「習慣化」は「効率」よりも大事だと考えています。

少しくらい非効率的な勉強法であっても、毎日コツコツと続けていれば、それなりに結果は出ます。一方、効率的な勉強法を知っていても、それを続けることができなければ、宝の持ち腐れになります。

勉強を始めること。始めたら最後までやり続けること。それさえ守っていれば、結果はあとからついてくるはずです。

POINT

習慣化こそが最強。

小さなステップから始める

仮に1年後の試験に向けて勉強を1年間続けようとする場合、この中で最も注意すべきなのはどの時期だと思いますか？　正解は、一番初めの時期です。

なぜなら、最初はまだ勉強の習慣が身についていないので、ちょっとしたことで挫折してしまいやすいからです。特に、それまで資格試験などを受けたことがなく、自主的な勉強に慣れていない人は要注意です。

逆に言うと、何とかこの時期さえ乗り切れば、勉強は徐々に習慣として定着していきます。まずはそこを目指しましょう。

勉強をスタートさせるときのコツは「小さなステップから始める」ということです。

たとえば、「問題集の問題を1日10問解く」という習慣を身につけたいのであれば、ひとまず1日目は「3問だけ解く」ということにしてください。**3問が厳しければ1問でも構いません。1問解くのも大変だと思うのなら、問題集を開いて眺めてみるだけで**

も結構です。

「こんなにわずかなことでいいの？」と思ってしまうくらい、ごくごく小さなことから始めてください。そして、それをやり終えたら、1日目の勉強を完了させたことに自信を持ってください。

勉強を始めるというのは、0を1にする行為です。ここが一番難しいので、そのハードルを確実に乗り越えるには、難しさをほとんど感じないぐらい簡単なことから始めれば良いのです。

1日10問が目標なら、1日目は3問から始めてみる。そして、2日目は4問、3日目は5問、などと無理のない範囲で少しずつノルマを増やしていって、何日か後から1日10問をやれるようになれば良いのです。

最初は「1日10問もやるのは大変そうだな」と思っていたとしても、習慣が身についた後なら、そこまで大変だとは感じなくなっているはずです。

1日ごとに勉強をやり終えた達成感を味わってください。スケジュール帳やカレンダーにシールを貼ったり、スマホのアプリを使ったりして、記録をつけていくという手もあります。自分が毎日勉強をして実績を積み重ねていることに手ごたえを感じられるようにしましょう。

「1日10問」などの当初の目標としていることを毎日クリアできるようになったら、あとは淡々と勉強を続けてください。

できるようになっている実感がなくても、焦る必要はありません。勉強したことの成果が出るまでにはある程度の時間がかかります。途中で思うように結果が出ていないと感じることがあっても、勉強を続けていれば確実に成長はできています。

試験日までに合格する実力がついていれば良いので、慌てることはありません。長い目で見て考えましょう。

POINT

最初のハードルは低くする。

やり始めるとやる気が出る

毎日勉強を続けていると、たまには「今日はあんまり気分が乗らないな」と思うこともあるかもしれません。そういうときにスムーズに勉強を始めるにはどうすればいいかというと、とりあえず少しでも手をつけてみればいいのです。

「そんなの当たり前じゃないか」と思われるかもしれませんが、これは重要なことです。やる気というのは何もないところから自然にわいて出てくるようなものではなく、具体的な行動を起こすことで結果的についてくるものなのです。

「1日10問」の問題を解く作業が何となく面倒で始められないという場合には、**10問をやり切ろうと思うのではなく「まずは1問だけやってみよう」と考えればいい**のです。

その後でどうしてもやる気が出なかったら、1問解いた時点で今日の勉強は終わりにしてしまってもいい。そのぐらいの軽い気持ちで勉強を始めてみてください。

実際にやってみるとわかりますが、この方法で問題を1問解いてみると、解き終わる頃には最初よりも脳が活性化してやる気が出ていて「あと1問ぐらいやってみてもいいかな」という気分になっているものです。

そう思えたら「ついでにあと1問だけ」というつもりで、次の1問にも挑んでみましょう。それもできたら、また次の問題に移ります。

そうしているうちに、いつのまにか1日のノルマである10問をクリアできているはずです。

私自身は勉強以外のことにもこのやり方を応用しています。たとえば、1冊の本を資料としてその日のうちに読まないといけないのに、どうしてもやる気が出ないときには「まずは最初の3ページだけを読んでみよう」と考えて、それを実践してみるのです。するると、読んでいるうちにだんだん気分が乗ってきて、それ以上のところまで無理なく読み進められたりします。

「やり始めるとやる気が出る」という脳の仕組みを上手く使って勉強を続けていきましょう。

POINT

とりあえずやってみる。

無理に遅れを取り戻そうとしない

何らかの事情で勉強が全くできない日や、ノルマを達成できない日があった場合には、どうすればいいでしょうか？

そういうときには決して焦らずに、その翌日からまた淡々といつも通りの勉強を再開してください。**この場合の注意点は、遅れている分を無理に取り戻そうとしないことです。**

くれぐれも「昨日は1日10問のノルマを達成できなかったから、今日は昨日の分と合わせて一気に20問やろう」などとは考えないでください。

なぜかというと、一時的に無理をするとペースが乱れて挫折しやすくなるからです。

また、サボってしまった日が連続してしまった場合、ノルマが1日20問どころか30問、40問とどんどん増えていき、ますますやる気が失われていってしまいます。自分にサボるための口実を与えているようなものです。

長く勉強を続けるためには、こういう考え方をしてはいけません。受験勉強は長期戦です。たまには気分が乗らなくて勉強がはかどらなかったり、やむを得ない用事で勉強ができない日もあるでしょう。そういうときには、その状況を素直に受け入れて、翌日から何もなかったかのように普段通りの勉強を再開すれば良いのです。

POINT

ペースを崩さない。

スランプは飛躍するチャンス

長く勉強を続けていると、何度やっても同じ問題で間違えてしまって自信を失ったり、思うように勉強が進まなくて自暴自棄になったり、焦りを感じたりすることがあります。いわゆるスランプの状態です。

そのようなときに、どういうふうに考えてどのように対処すればいいのか、ということについて解説します。

まず、スランプが訪れるのは、あなたが資格試験の勉強に本気で取り組んでいるからである、ということを知ってください。真剣にやっていなければ、そもそもスランプになることもありません。

本気でやっているからこそ、結果が思うように出ないことに不安になったり、焦りを感じたりするのです。それは決して悪いことではありません。

また、もう1つ重要なのは、長く勉強を続けている過程で、**スランプというのは誰に**

でも訪れる可能性があるありふれたものである、ということです。なぜなら、勉強量と成績の伸び具合は必ずしも比例しないからです。

試験や科目にもよりますが、一般的には、最初のうちの方が勉強の成果が出やすいものです。初期には勉強をするたびにどんどん成績が伸びたり、わかることが増えたりして、手ごたえを感じやすいのです。

しかし、そうやって順調に勉強を続けていると、停滞期が訪れることがあります。今まで通りやっているはずなのに思うように成績が伸びない、というふうに感じるようになるのです。

これに関しては「まあ、そういう時期もあるか」と軽く受け流しておけば大丈夫です。気にせずそのまま淡々と勉強を続けていると、いつかまたぐっと伸びるときが来ます。

どんな種類の勉強であっても、ある一定のレベルを超えると、別々の分野の間に関係性を見出したり、今までわかっていなかったことがはっきり理解できるようになったりして、一気に視界がひらけるような感覚になることがあります。

大抵の場合、そうなる直前にスランプがやってきます。伸び悩みの時期を経て、一気に伸びる時期が来る。それさえわかっていれば、スランプが来ても焦ることはないのです。

長く勉強を続けていれば、手ごたえがないと感じる時期があるのは当たり前のことだと考えて、それを淡々とやり過ごすようにしてください。飛躍の時は必ず来ます。

POINT

伸び悩みの後が一番伸びる。

集中できる環境を整える

勉強をするためには集中できる環境作りが欠かせません。特に、家で仕事や勉強をする習慣のない社会人の方は、「勉強」という新しい習慣を定着させるためにきちんと環境を整えるようにしてください。

場所はどこでも構いません。自宅でも図書館でも自習室でもカフェでもファミレスでも問題ありません。重要なのは、自分がそこで一定時間集中して勉強できるかどうか、ということだけです。

たとえば、周囲からの音が気になるのであれば、勉強中は耳栓をしたりするのもいいでしょう。私自身も音が気になるタイプなので、外のカフェなどで仕事や勉強をするのは苦手で、もっぱら自宅で作業をしています。

また、スマートフォン（スマホ）は勉強の大敵です。勉強中にちょっとしたことをインターネットで調べようと思っていても、必要なことを調べるだけではとどまらず、ついついほかのウェブサイトを覗いてしまったり、ＳＮＳやメールをチェックしてしまったりします。

スマホには集中力を削ぐための仕掛けがありすぎるのです。勉強中にはスマホの電源を切ったり、目の届かないところに置いたりして、手を触れないようにしましょう。

どうしてもスマホを触るのがやめられないという人は「タイムロッキングコンテナ」に入れて物理的に触れない状況にするという手もあります。これは、あらかじめ設定した時間が経過するまで開けられない仕組みの箱のことです。オンラインショップなどで買うことができます。

自宅で勉強する場合には机や椅子にもこだわってください。机や椅子の高さが自分の体に合っていないと、肩こりや腰痛の原因になります。

特に疲れやすい人は、机の高さを自由に変えられて立って作業することもできる「スタンディングデスク」を導入するのもおすすめです。同じ姿勢で長時間座っていると体がこりやすいのですが、スタンディングデスクを使えば一定時間ごとに立ったり座ったりすることで、疲労を大幅に軽減できます。

眠気、空腹、悩みごとなど、具体的な原因があって集中ができない場合は、勉強の前にそれらを解決しておきましょう。我慢できないほどお腹が減っているなら何か食べればいいし、仕事やプライベートで気がかりなことがあるなら、できる範囲でそれを片付けておくようにしましょう。

また、眠いときには無理せずに寝ましょう。睡眠時間を削るのは絶対にやってはいけません。睡眠時間が減ると頭の働きが悪くなって非効率的ですし、体調を崩すリスクも高くなります。

睡眠時間を削りたくなる気持ちはわかります。仕事で忙しい社会人の方は、普段の自分の生活サイクルの中では十分な勉強時間が確保できそうにないので「睡眠時間を削ればいいか」などと考えたりするのでしょう。

でも、それだけは避けてください。どんなやり方でも構わないので、睡眠時間を削らずに勉強時間を確保する計画を立ててください。

私自身も、学生の頃から睡眠時間を削って勉強をしたことは一度もなく、いつもぐっすり寝ていました。

さらに言えば、人間の記憶というのは寝ている間に定着するものなので、むしろ睡眠は勉強に必要不可欠なものなのです。しっかり勉強して、しっかり寝ることで、勉強の効率も良くなります。

ちなみに、多くの勉強本やビジネス書では、朝に早起きして勉強をすることを推奨しています。たしかに、起きてすぐの時間帯は頭も冴えていて勉強の効率も良かったりするのですが、誰もがそれに向いているわけではありません。

もともと夜型の生活をしている人や、夜に勉強する方がはかどるという人もいます。そういう人が無理に朝型生活に切り替える必要はありません。

重要なのは朝か夜かではなく、集中して勉強できる環境があるかどうかです。それさえあればいつでもどこでも構わないのです。自分に合った環境を見つけてください。

POINT

スマホを封印する。

周囲の協力を得る

試験勉強をやり抜くためには環境作りが大切です。その中でも重要なのは、周囲の人々から理解を得ることです。

家族、同居人、親しい友人、仕事仲間などの身近な人に対しては、試験を受けるつもりであることを知らせて、そのために生活や仕事のペースが変わる可能性があることをはっきり言っておくと良いでしょう。

もちろん、試験を受けることを秘密にしておきたい事情があるのなら、無理に言う必要はありません。

ただ、同居している家族や親しい友人など、あなたの生活に深く関係する人には、あらかじめ伝えて理解をしておいてもらった方が、勉強がスムーズに進められます。

たとえば、あなたの友人は、あなたが急に遊びや飲みに誘っても断るようになったら、付き合いが悪くなったな、というネガティブな印象を持つかもしれません。

親しい人に対しては「○月○日の試験日までは勉強に集中したいから、今までのように頻繁には遊べなくなると思う」ということをはっきり言ってみても良いのではないでしょうか。

家族に対しては「勉強時間を確保したい」「集中して勉強できる環境を作りたい」といったことを話して、そこに協力してもらえるようにしましょう。

特に、難関資格を目指していて、合格までに1年以上の勉強時間が想定される場合には、その間にどういう働き方をするのか、どういう生活をするのか、といったことをあらかじめ相談して、話し合っておくことが大切です。

なぜこれをわざわざ強調するのかというと、周囲の理解がない状態で勉強を始めてしまうと、そのことで問題が生じたときに勉強を続けられなくなることがあるからです。

試験勉強は毎日の習慣として定着させることが大切なので、その妨げになる可能性のあることは初めから排除しておいた方が良いのです。

勉強は1人でやるものですが、それを長く続けていくには、周囲の人々の理解を得て、集中できる環境を整えることが重要なのです。

POINT

人間関係も大事。

生活サイクルを一定にする

勉強をすると決めたら、勉強時間を生活の一部にしてください。そのために有効なのは、生活サイクルをなるべく一定にすることです。

前述のとおり、勉強する時間帯は朝でも昼でも夜でも構いません。それぞれの生活サイクルに合わせて、勉強時間を確保して、毎日それを続けるようにしてください。

良くないのは、いつやるかをはっきり決めずに「とにかく毎日どこかで3時間は勉強しよう」などと考えることです。こういう漠然とした計画を立てていると、ついつい仕事やプライベートの用件を優先してしまい、勉強がなかなか思うように進まなくなります。

どの時間帯に勉強するのかを自分の中ではっきり決めて、そこではしっかり集中して勉強に取り組むようにしましょう。

「何時から何時まで」と時間を区切ってもいいし、「夕食後に1時間勉強する」などとほかのスケジュールにくっつける形で設定しても構いません。そうやって勉強時間を日々の生活サイクルに組み込むことで、勉強が習慣化するようになります。

日々の勉強は、まとまった時間を確保してじっくり取り組む、というのが基本です。しかし、それ以外にも、日常の中のちょっとしたスキマ時間を使って勉強をするのも有効です。

たとえば、通勤中の電車や車の中などは、勉強をするのに最適な環境です。運転中は勉強ができないと思うかもしれませんが、音声を聴くことはできます。予備校の講義動画や講義音源を聴いてもいいし、YouTubeで発信されている動画コンテンツの音声を流しても良いでしょう。いろいろ調べてみれば、やれることはたくさんあるはずです。

普段から勉強ばかりしているんだからスキマ時間ぐらいはゆっくりしたい、という気持ちもわかりますし、そちらの方が合っていると思う人はそうすれば良いと思います。しかし、合格までに時間がかかる難関資格に挑む場合には、スキマ時間も無駄にせずに活用する方が勉強を有利に進められます。

たった５分の勉強でも、10回続ければ50分になります。短い時間も重ねれば長い時間と同じ価値があります。時間を無駄にせず、自分の生活の中でできる限りのことをやるようにしましょう。

POINT
勉強時間を日常に組み込む。

タイマーで時間管理をする

勉強をするときには時間を管理することが重要です。なぜなら、自分がどのぐらいの時間でどのぐらいのことをできるのかを把握しておいた方が、効率良く勉強が進められるからです。

また、実際の試験でも試験時間は決まっています。自分が問題を解くのにどのくらいの時間がかかるのかを知っておいた方が良いし、できるだけ速く回答できるようにしておくべきです。

普段から時間を意識して勉強をするために、勉強時間を計測しておくようにしましょう。スマホのタイマーやストップウォッチを使ってもいいのですが、**スマホ自体が集中の妨げになるので、個人的にはキッチンタイマーのような専用のタイマーを使うことをおすすめします。**

たとえば、これから1時間勉強をすると決めたら、1時間後にタイマーが鳴るようにしておいて、その時間内で勉強を進めましょう。そして、時間が来たら勉強を終えるようにします。

終了時間が来たときに、勉強が中途半端になっていて「もう少し延長して進めたい」と思うことがあるかもしれませんが、できればそういうときにもあえて勉強を中断してください。

なぜなら、やりかけの状態で勉強を終える方が、次に勉強を再開するときにすんなり始められるようになるからです。はっきりした区切りがついたところで勉強を終わらせてしまうと、次に勉強を再開するときに、新しい分野のことを最初から始めることになってしまいます。

中途半端なところから再開すると、前にやったことを覚えている状態でそこに取り組めるので、スムーズに勉強を始められます。

勉強時間をタイマーで管理するもう１つの意味は、無駄な時間を減らすことです。それなりに勉強時間をかけているはずなのに成績が上がらない人は、大抵の場合、中身のある勉強ができていません。

たとえば、3時間の勉強時間を取っていても、実際に問題集を解くような具体的な作業をしているのは2時間程度で、1時間ぐらいはダラダラとテキストを読んでいるだけ、といったこともあるのです。

勉強時間を計測していると、時間の使い方を意識するので自然と無駄なことをしなくなり、時間を有効に使おうと思うようになります。

勉強を一種の仕事のようなものだと考えて、時間管理をきちんとするようにしてください。

POINT

時間計測で無駄が省ける。

資格を取ろうと思った瞬間の気持ちを思い出す

試験勉強は長期戦です。その間にはモチベーションが下がったり、がんばっても受からない気がして不安になったりすることもあるかもしれません。

そういうときに気分を高めるには、資格を取ろうと思ったときの気持ちに立ち返るのが効果的です。

そもそも、資格試験の勉強というのは自分の意志で始めているはずです。なぜその資格を取りたいと思ったのか、自分の中にはっきりした理由があるはずです。

誰にも強制されずに新しいことを学び始めるというのは、簡単なようで簡単なことではありません。仕事などのやらなければいけないことがたくさんある中で、あえて時間を割いて勉強を始めてみようと思ったからには、明確な目的意識のようなものがあったはずです。

勉強をあきらめそうになるたびに、そこに立ち返って「自分は何をやりたかったんだろう？」「どうなりたかったんだろう？」「今の生活をどういうふうに変えたかったんだろう？」などと考えてみてください。

自分が本当に成し遂げたいことは何だったのか、というのに気付くはずです。

そこまで遡って考えることができれば、自然とモチベーションも上がってくるのではないでしょうか。

目的がはっきりしていると、勉強の効率も上がります。迷ったときや不安なときには最初の気持ちに立ち返ってみてください。

POINT

迷ったら原点に帰る。

第5章

最短最速のアウトプット勉強法

合格に必要な知識を効率良く吸収して定着させるためには、徹底的にアウトプット優先の勉強をする必要があります。本書が提唱する「問題集3周」勉強法を実践してみてください。

最初に入門書や漫画を読む

勉強を始めるときには、とりあえず試験範囲の内容を大まかにつかむようにしましょう。特に、未知の分野の資格試験に挑む場合には、このことが重要になります。

資格試験では、法律、語学、会計など、それまでに全く馴染みのない新しい分野のことを勉強しなければいけないことがあります。そういうときに、大枠をつかむ前にいきなり本格的に勉強を始めると、わからないことが多すぎて効率が悪いし、挫折する可能性も高くなってしまいます。

勉強に慣れている人や、もともとその分野に興味があったり、ある程度の知識があったりする人は、初めから問題集に取り組んだりしても構いません。

でも、そうではない場合は、最初は全体の雰囲気をつかむために、わかりやすく書かれた入門書を読んでみることをおすすめします。

資格試験によりますが、多くのメジャーな資格に関しては、初学者向けの入門書が存在しています。そういう本は、専門的な知識がない人に向けてわかりやすく書かれているので、それを読めばこれから勉強することの大枠をつかむことができます。

読んでいて**よくわからない箇所があっても、全く気にしなくて結構です。この段階では、書かれていることをすべて理解したり、暗記したりする必要はないのです。**そのような本格的な勉強はあとからやればいいのです。

この段階で必要なのは、これからどういうことを学ぶのか、その分野ではどういう単元があり、どういう概念があり、それらはどういうものなのか、といった大まかな雰囲気をつかむことです。

この時点で知識を得るための土台ができていれば、そこから勉強をスムーズに進めることができます。

このときの入門書の選び方としては、できるだけわかりやすくて簡単なものをおすすめします。分野によっては漫画で描かれているものもあったりするので、そういうところから始めても構いません。

また、文章よりも音声や動画の方が頭に入りやすいという人は、YouTube などの動画を見てみるという手もあります。

資格試験の多くの分野では、その道の専門家が専門分野について解説している動画が存在します。そういうものをつまみ食いしながら見ていくだけでも、だいたいの雰囲気はつかめるはずです。

最終的には試験に受かるための知識を身につけなくてはいけないのですが、最初の段階では全く焦る必要はありません。自分にとって最も敷居が低く、わかりやすく、手をつけやすいと思えるところから勉強を始めるようにしましょう。

POINT

易しいところから始める。

テキストや問題集の選び方

資格試験の勉強をするためには、テキストや問題集などの教材を用意する必要があります。教材を選ぶ上での注意点は、必要最低限のものに絞り込むことです。

特に、問題集は徹底的に絞り込んで、それを何度も繰り返すのが効果的です。**問題集５冊を１回ずつやった人よりも、問題集１冊を５回繰り返した人の方が、間違いなく合格する可能性は高いでしょう。**

教材が多すぎると重複する内容があって勉強の効率が悪くなる、というのもありますが、それだけではありません。

人間は何かを学んだり記憶したりする際に、学習内容以外のさまざまな情報を同時に取り込んでいます。

たとえば、テキストに書かれていた単語を思い出すときに「たしか、このテキストのこのページの左上にこういう写真が載っていて、そのすぐ下のところにこの単語が書かれていたな」などといった形で、記憶をたどることができるようになっているのです。
そのような記憶の手がかりを作るためには、1つの知識がいろいろなルートで入ってくるよりも、特定の決まったルートだけで入るようにしておいた方が良いのです。その方が覚えやすいし、思い出すときにも思い出しやすくなります。

標準的な学習期間が半年以内の比較的簡単な資格試験の場合には**「テキスト1冊（1種類）＋問題集1冊（1種類）」というのが原則**です。

「1冊」だけでなく「1種類」とも書いているのは、テキストや問題集が分野別に分かれていたりして、1冊に収まらずに2冊以上のシリーズものになっていることがあるからです。

標準的な学習期間が半年以上の難関資格に挑む場合には、これ以外の教材が必要になることもあります。ただ、それでも最も重要な

のが最初に使うテキストと問題集であるという原則は変わりません。これらを勉強の軸にしてください。

自分で買う教材を選ぶためには、大きい書店などに行って、実際に教材を手に取って中身を見てみましょう。

受験生が多い人気資格の場合、いくつかの出版社から似たようなテキストや問題集が刊行されています。その中から自分が使いやすそうなものを選んでください。

実際に独学で試験に合格した人の体験談も参考になります。本やウェブサイトやウェブ動画などでその手の情報を収集して、おすすめされているものを使うのも良いでしょう。

以下、市販の教材を選ぶためのポイントを簡単にまとめます。

テキスト

テキストは、なるべく説明が詳しくてわかりやすいものを選んでください。同じ資格試験用の厚いテキストと薄いテキストがあるなら、厚い方が説明が丁寧で理解が深まることが多いです。

薄いテキストの方が分量が少なくて理解しやすいと思われるかもしれませんが、実際はその逆です。薄いテキストは必要な説明が省略されていることがあり、自分で勉強するための教材には向いていません。

薄いテキストを魅力的に感じる人は、テキストは最初から最後まで何回も読まないといけないと思い込んでいるのかもしれません。そのような勉強法を提唱する人もいますが、私はおすすめしません。

テキストは頭から読む必要はなく、問題を解いていく中でわからないところを調べるために使うようにしましょう。そのためにも説明が詳しくてわかりやすい方が良いのです。

問題集

問題集は勉強の中心となるものなので、しっかり吟味して選びましょう。

ほとんどの資格試験では、**本番の試験で過去に出題された問題が収録されている「過去問題集（過去問集）」を使うべき**です。比較的簡単な資格であれば、過去問をしっかりやるだけで合格圏内に達することができます。

問題集を選ぶときには、実際に中身を見て、なるべく解説が詳しいものを選ぶようにしましょう。問題集によっては、解説の分量が少なく、自分で調べないとまともな理解ができないようになっていることがあります。そのような教材を使ってはいけません。

良質な問題集は解説が詳しく、それを読んだだけで理解が深まり、勉強がスムーズに進められるように作られています。そのような問題集があれば効率的な勉強ができます。

テキストと問題集を自分で買う場合には、同じ出版社のものを使うのがおすすめです。章立てや記述内容に一貫性があり、勉強がしやすいからです。問題集によっては、解説の中で参照すべきテキストのページ数などが具体的に書かれていることもあります。

ちなみに、資格試験の種類によっては、問題集が分厚くて持ち運びしづらかったり、ページが開きにくかったりすることがあります。そのような場合には、問題集を物理的に縦に切ってしまうというのがおすすめです。

たとえば、私が行政書士試験の勉強のときに使っていた問題集は1000ページ近いボリュームがあったため、「民法」「行政法」などの分野ごとに全体を5～6個のパートに分割していました。その方が使いやすいし、持ち歩いて電車の中などで勉強するのにも便利だったのです。

やり方としては、分割したい箇所でページを大きく開き、背の部分に折り目をつけて、そこをカッターで縦に切っていきます。

切り分けた後、そのままにしているとページがバラバラになってしまうので、市販の製本テープを使って切った箇所を留めておきましょう。

その他

前述のとおり、資格試験の勉強では「テキスト1冊（1種類）＋問題集1冊（1種類）」というのが原則です。しかし、勉強に時間がかかる難しい試験の場合には、これに加えて論述対策の問題集、模試問題集などを使ったりもします。

また、語学系の試験では単語集やリスニング教材、法律系の試験では条文集など、特定の分野でテキストと問題集以外の教材が必要になることもあるでしょう。

その教材を使う目的がはっきりしているのであれば、使うこと自体には何の問題もありません。しかし、「何となく不安だから」といった理由で、新しい問題集に無闇に手を出したり、補助的な参考書を増やしたりするのはおすすめできません。

あくまでも教材は徹底的に絞り込んで、必要最低限のものにとどめておくというのを忘れないようにしてください。

POINT
教材は絞り込む。

過去問を徹底的に活用する

どんな資格試験でも、出題形式や出題内容には一定の傾向があります。それを知るために最適な教材が、過去に実際に出題された試験問題が収録されている過去問集です。資格試験における最も重要な教材は過去問です。試験の種類によってその優先度や活用法には違いがありますが、重要であることに違いはありません。

「過去に出題されたものと全く同じ問題は出ないはずなのに、なぜ過去問がそんなに重要なの？」と疑問に思う人もいるかもしれません。

まず、全く同じ問題が出ないとは限りません。比較的簡単な試験の場合には、出題範囲が限られているということもあり、過去問と全く同じかほとんど同じ問題が出るのはよくあることです。

また、そうではない試験の場合にも、一語一句全く同じ問題が出題されることはないとしても、ある程度は似たような形式で似たような内容の問題が出されるというのが一般的なので、過去問を学ぶことには意味があります。

そもそも、**なぜ過去問と似たような問題が出るのかというと、出題者側も過去問を参考にして問題を作っているからです。**

ほとんどの試験では、合格最低点や合格率がだいたい決まっているので、毎年同じくらいの数字になるように試験問題のレベルが調整されています。

試験の出題傾向をいきなり大幅に変えたりすれば、合格者の人数や実力が例年通りではなくなってしまう可能性があります。それは資格試験を主催する側にとって望ましいことではありません。

だからこそ、出題者は過去問を参考にして、試験の形式、内容、難易度などを決めているのです。

過去問をチェックしているのは受験者だけではありません。出題者も過去にどういう問題が出ているのかというのは重要な情報として認識しているのです。

いわば、資格試験とは、過去問を媒介にした受験者と出題者の知的な駆け引きのゲームなのです。合格のために過去問の活用が欠かせないのはそのためです。
資格試験の勉強は過去問に始まって過去問に終わる、ということを覚えておいてください。

POINT

過去問に始まって過去問に終わる。

単純で効果的な「問題集3周」勉強法

第3章でも少し触れましたが、問題集の問題を解いていくというのが勉強のベースになります。この作業に勉強時間の大半を費やしてください。

ここから具体的な問題集の使い方を説明します。まず、その日に取り組む問題の量を決めてください。問題数やページ数で決めてもいいし、単元などの区切りのいいところで区切っても構いません。

ここでは仮に、全部で５００問ある問題集を使って「1日に10問を解く」としておきます。

その10問のうち、まずは1問目の問題文をじっくり読んでください。選択肢を選ぶ問題であれば、個々の選択肢も読みましょう。

少し考えてみて、わからなければすぐに答えを見てください。そして、答えのところにある解説を読んで、なぜその答えになるのかを理解してください。

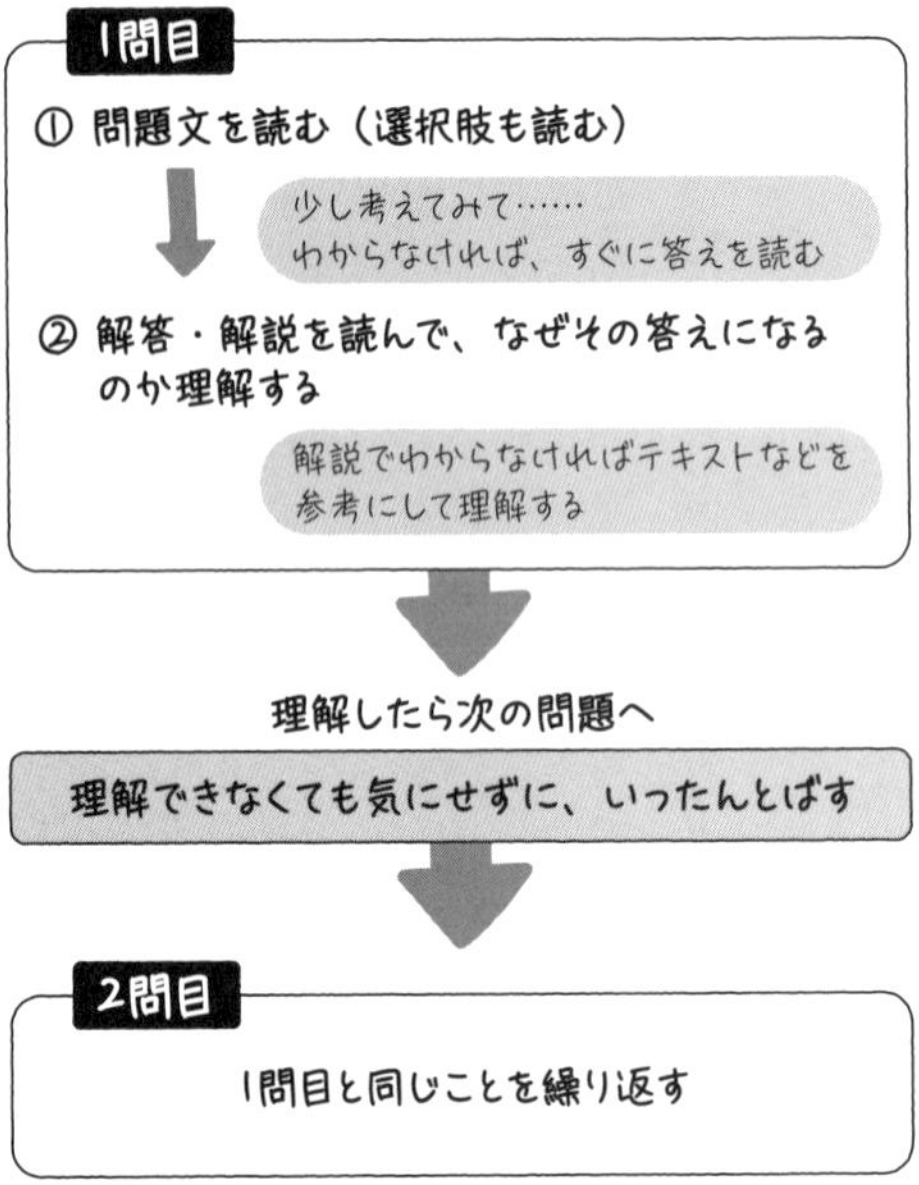
1問目
① 問題文を読む（選択肢も読む）
少し考えてみて……
わからなければ、すぐに答えを読む
② 解答・解説を読んで、なぜその答えになるのか理解する
解説でわからなければテキストなどを参考にして理解する
理解したら次の問題へ
理解できなくても気にせずに、いったんとばす
2問目
1問目と同じことを繰り返す

選択式の問題で、各項目について正しいか間違っているかが書かれている場合には、それらもすべて読んで理解しようとしてください。

解説を読むだけではよくわからないところがあったら、テキストなどを参考にしてわかるようにしましょう。どうしてもわからなければ気にせずいったんとばしてください。

この作業が終わったら、次の問題に進みます。そして、同じように問題文と解答・解説を一通りじっくり読む、ということを繰り返します。

10問目まで読み終わったら、1問目に戻って、問題文だけを見て正しい答えを考えてください。忘れていて解けなくても問題ありません。再び解答を確認して、解説を読み直してください。そこからまた10問目まで進めます。

これを何度か繰り返して、10問すべての問題がスラスラと解けるようになっていたら、その日の勉強は終わりです。

ここでのポイントは、答えだけを覚えても意味がないということです。選択式の問題だとしたら、単に「正解は３番」と答えられるだけでは不十分だということです。

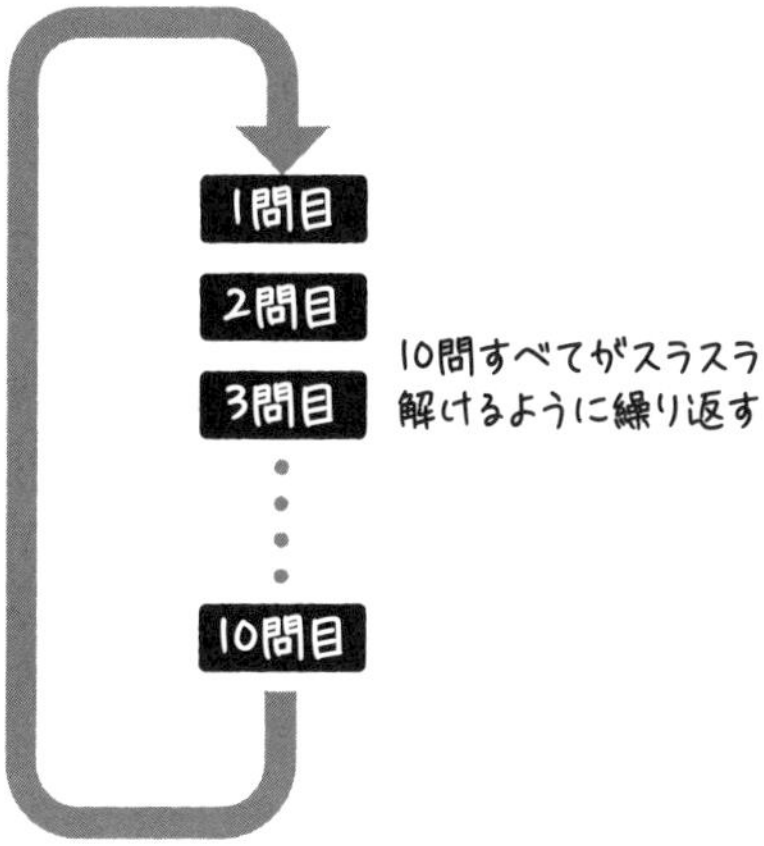

なぜ３の選択肢が正解であり、ほかの選択肢が間違いなのかというのを自信を持って答えられる状態を目指してください。

その過程では何度も問題を解くことになるし、**何度も解説で読んだはずのことを忘れてしまったりすると思いますが、回数は気にしなくて結構です。最終的に頭に入ってれば大丈夫です。**

翌日の勉強時間の冒頭では、前日にやった10問を再び解いてみてください。1日経つと忘れてしまったものもあると思いますが、解説を読んで覚え直してください。

それから、その日のノルマである次の10問に移ります。そして、その翌日にまたその10問を復習します。

これを繰り返して問題集を進めていってください。ある程度の段階で、その範囲全体を振り返って、問題を解き直してください。

たとえば、1日10問のペースで進めていくとしたら、10日で100問までできたところで、今度はその100問全部をまとめて解いていく、ということです。最初の方にやった問題は忘れていることが多いのではないかと思います。

この段階で、問題が解けたら「○」、解けなかったら「×」の印をつけてください。

ひとつひとつ解説を読み直して、間違えたところは特にしっかり読んでください。

そして、100問を1周したら、「×」をつけた間違えた問題だけをもう一度解き直してください。

ここで正解できたら「○」、また間違えたらもう一個「×」を追加してください。

ここまで来たら、再び「1日10問」の勉強に戻り、101問目から順番に新しい問題

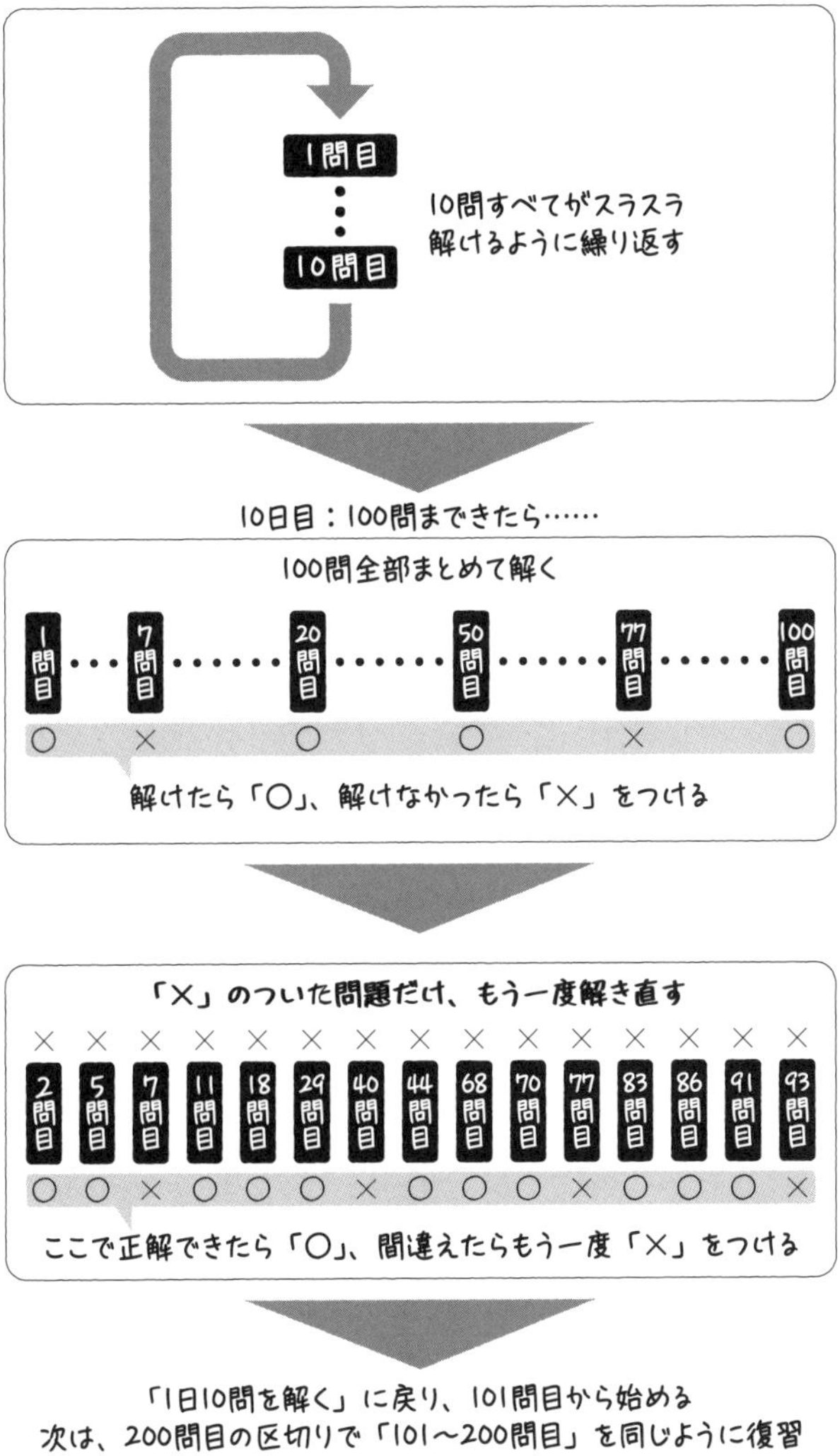
1問目
10問目
10問すべてがスラスラ解けるように繰り返す
10日目：100問までできたら……
100問全部まとめて解く
1問目　7問目　20問目　50問目　77問目　100問目
○　×　○　○　×　○
解けたら「○」、解けなかったら「×」をつける
「×」のついた問題だけ、もう一度解き直す
2問目　5問目　7問目　11問目　18問目　29問目　40問目　44問目　68問目　70問目　77問目　83問目　86問目　91問目　93問目
○　○　×　○　○　○　×　○　○　○　×　○　○　○　×
ここで正解できたら「○」、間違えたらもう一度「×」をつける
「1日10問を解く」に戻り、101問目から始める
次は、200問目の区切りで「101〜200問目」を同じように復習

を解いていってください。そして、次に「200問目」などの区切りとなる箇所に来たら、「101〜200問目」を同じように復習していきます。

この調子で1冊の問題をすべて解き終えたら、今度は問題集全体を一気に最初から最後まで解いていってください。そして、同じように正解できたら「○」、間違えたら「×」をつけます。ここまでやったら「問題集を1周した」と数えます。

次に2周目に移ります。2周目では、同じように「1日10問」のペースで続けてもいいし、1周目よりは全体の理解が進んでいる自信があるなら「1日50問」などとノルマを増やしても構いません。

2周目の最後には、1周目と同じように問題集全体を一気に解いていってください。そして、正解できたら「○」、間違えたら「×」をつけます。これで「2周」です。

3周目では、1日のノルマをもっと増やしてもいいし、場合によっては「×」がついている問題だけを何度も繰り返す、といったやり方でも構いません。とにかく自分の理解度を踏まえて、すべての問題を解答を見ずに解けるようになることを目指します。

これが、**私がおすすめする「問題集3周」勉強法です。**3周というのは単に「3回問題を解く」ということではありません。

1周ごとに何度も何度も問題を解いて解説を読む作業を通して、問題と解答の内容を頭に定着させることを目指すのです。

この勉強の目的は、どの問題を見てもすぐに正しい答えが思い浮かぶ状態を作ることです。こうやってじっくり時間をかけて1つの問題集を隅から隅まで仕上げれば、ある程度のレベルまでの資格試験は楽にクリアできる実力がついているはずです。

難関資格の場合には、最初に使う問題集だけでは問題の分量が不足している可能性があります。その場合には、別の問題集を使って同じやり方で勉強を進めましょう。

POINT

問題集を何度も繰り返す。

テキストは読むな

一般的に、小中学校などの学校教育では、教科書（テキスト）をベースにして学習が進められます。覚えるべき内容はすべて教科書に書かれていて、教師がその内容に沿って授業を行い、問題を解かせたりしていきます。

資格試験の勉強でも、同じようにテキストを読んでから問題を解くのが正しい勉強法だと思い込んでいる人も多いかもしれません。

しかし、これはあまりおすすめできるやり方ではありません。なぜなら、テキストをいきなり読んでも、内容が理解できなかったり、そのまま暗記することが難しかったりして、試験ですぐに使えるような知識は身につかないからです。

特に、最初のうちはテキストを読んでもなかなか意味がわからず、頭に入らないこともあるでしょう。意味がわからない文章を延々と読むのには苦痛が伴います。

テキストを読んでから問題を解くのではなく、いきなり問題を解くことから始めてください。

もちろん最初は解けないだろうし意味もわからないと思うのですが、解答と解説をじっくり読めば、何が問われているのか、何を覚えれば良いのか、というのはわかってくるはずです。

勉強のやり方について考えるときには「これをやることで試験の点数が何点上がるのか？」ということを常に意識してください。

単にテキストを読んだり、ノートをとったり、色とりどりのペンでテキストやノートをきれいに飾ったりしても、それだけでは点数は1点も上がりません。

それよりも、**実際に問題を解いてみて、頭に入れたことを思い出せるかどうかを試す作業こそが大事なのです。**

資格試験の勉強では、テキストは読むものではなく使うものです。問題を解くことを勉強の軸にして、テキストは必要に応じて参照するようにしましょう。

POINT

テキストは辞書的に使う。

小さな達成感を積み重ねる

長い期間の勉強の途中で挫折しないためのコツは、その過程で小さな達成感を味わう機会をたくさん作ることです。

たとえば、３００ページの問題集があって、それが10ページごとに30個の単元に分かれているとします。

基本的には、問題集をひたすら繰り返せばいいのですが、最初から最後までやり通すには時間がかかるし、なかなか知識が身につかずに焦りを感じる人もいるかもしれません。

そのような場合には「**まずは最初の1単元（10ページ）だけを覚えよう**」と考えてみてください。そして、そこだけを何度も繰り返して、その範囲にある問題をすべて解けるようにしてください。

どんな分野でも、問題を何度か解いていれば、ほとんどの問題を解けるようになり、内容に対する理解も深まっていきます。

このようなやり方で、試験範囲のうちのごく一部だけを深く掘り下げて勉強すると、比較的短い期間である程度の達成感を得ることができます。

ここで「まだ290問も残っているのか」などと後ろ向きな考えに陥らないようにしましょう。そうではなく、10問を確実に解けるようになったことに自信を持ってください。

試験範囲全体のことは気にする必要はありません。どんなに広い試験範囲も、個々の科目や単元の積み重ねでしかありません。その要素ひとつひとつをじっくり勉強していけば、いずれはすべてを網羅することができるのです。

勉強する範囲を細かく区切り、ひとつひとつを完璧にすることを目指してください。これによってモチベーションを保つことができて、挫折せずに勉強を続けられるようになります。

POINT

達成感がやり甲斐を生む。

わからなくても立ち止まらない

自分だけで勉強を進めていて、問題集の解説を読んでも理解できないことがあった場合、どうすればいいでしょうか。

基本的には、テキストを参照したりネットで調べたりして、何とかわかるようにするというのが重要です。

しかし、それでもどうしてもわからないという場合には、いったんその部分はとばして先に進んでください。

なぜなら、わからないところでずっと立ち止まっていると、勉強が進まなくて効率が悪いし、それを気にしていると自分の心理にも悪影響があるからです。

最初はわからないことでも、少し先まで勉強を進めてから戻ってみると、全体の理解が進んでいてあっさりわかるようになっていることもあります。

そうやって自然に解決することも多いので、わからないことがあってもそこで立ち止まらなくても良いのです。

実は「わからない」の中にもいろいろな段階があります。特に最初のうちは、その分野に特有の考え方に慣れていないために「自分が何をわからないのかがわからない」という状態に陥っていることも多いのです。

そういうときには、すぐに自分で対処法を見つけるのは難しいので、気にしない方が良いのです。

さらに言えば、たとえその一箇所が最後までわからなくても、試験に受かることはできます。試験では合格点が取れればいいので、テキストや問題集に書かれていることを何が何でも１００％理解しないといけないわけでもないからです。

むしろ、そうやって「何から何まで理解しないといけない」と杓子定規に思い込んでいると、かえって合格からは遠ざかってしまいます。

私自身も、勉強をしている中でどうしてもわからないことについては、無理に理解しようとせずに、書かれていることをただ丸暗記したり、あきらめてそこは切り捨てたりしていました。

あなたの目的は試験に受かることであって、試験範囲のすべてを理解することではありません。そうやって気楽に考える方が勉強もはかどるし、精神的にも良い状態を保つことができます。

POINT

わからなくても気にしない。

テクニックは悪ではない

試験勉強の世界では、純粋な勉強の成果以外の部分で、知っていると差がつくことがあるちょっとした「試験テクニック」のようなものがあります。

たとえば、ある文章が正しいか間違っているかを判断する問題が出されるとします。その場合、通常は文章を読んで、その内容が正しいかどうかを判断するわけですが、文章の形式から正誤が判定できる場合があるのです。

たとえば、「すべての○○は□□である」という文章が出題されたとします。こういうとき、ほとんどの物事には例外があるのが普通なので、「すべて」と言い切るのは不自然な感じがします。だから、「すべて」と書いてあるこの選択肢は間違っている可能性が高い、という推理が成り立つことになります。

もちろん、こういうものはどんなときにも成り立つような絶対的な法則ではないのですが、勘だけで適当に答えを選ぶよりは正答率が高くなることもあります。

この手の試験テクニックは、試験ごとに存在していて、それが語られている書籍やウェブサイトなども探せばいろいろ見つかるかもしれません。また、勉強をしているうちに、自分でも何らかの法則に気付くこともあるかもしれません。

こういうテクニックで問題を解くのは邪道だから良くない、などと言われることも多いのですが、個人的には必ずしもそうは思いません。テクニックでも何でも、使えるものはどんどん使っていけば良いのではないかと思います。

なぜなら、勉強の目的は試験に受かることであり、受かるためにできることがあるなら何でもやるべきだからです。

テクニックを使って受かるのとテクニックを使わずに落ちるのを比べたら、どちらが良いと思いますか？　恐らくほとんどの人が、受かる方が良いに決まっていると思うはずです。

資格試験というのは、たった1点を取れるかどうか、たった1問を解けるかどうかで合否が分かれることもある厳しいものです。あなたが合格を目指して勉強を始めるのなら、そのために使えるものは何でも使うという気構えを持っていなければいけません。

ただし、**テクニックはしょせん小手先のものであり、それがあてにならない場合も多いし、外れたとしても誰も責任を取ってはくれません。使うのも使わないのも自己責任です。**

あくまでも、どうしてもわからない問題を勘で解くときに使うものとして、参考程度に触れておくぐらいがちょうどいいかもしれません。

POINT

使えるものは何でも使う。

第6章

直前期の勉強法と試験当日の過ごし方

資格試験の合否の分かれ目になるのが直前期の過ごし方です。それに加えて、試験当日にどういうことに気をつければいいかも解説します。

直前期には「最終確認ノート」を作る

勉強が順調に進んでいれば、試験の1～2週間前ぐらいには、試験範囲の基本的な知識はだいたい頭に入っている状態になるはずです。

そんな直前期にぜひともやるべきなのは、知識の穴を埋めるために間違えやすいポイントを1つのノートに集約してまとめておくことです。私はこれを「最終確認ノート」と呼んでいます。

問題集などを繰り返していると、できるようになる問題がどんどん増えていく一方で、どうしても同じミスを何度もしてしまったり、理解しづらかったりするところが出てくるはずです。

そういうところは自分の弱点にあたる部分なので、試験日までに確実にできるようにしておかなければいけません。そのためには、弱点をすべて洗い出して、そこだけを優先的に復習できる仕組みを作れば良いのです。

問題集を繰り返したり、模擬試験を受けたり、模擬試験形式の問題集を解いたりする中で、苦手なところや気になるところが出てきたら、その度に覚えるべき内容をノートに書き加えていってください。

そして、このノートに書かれた内容は、ちょっとした空き時間などに何度も読み返すようにします。最低でも1日1回は一通り目を通すようにしましょう。

私は手帳サイズの小さいメモ帳のようなノートを使っていました。サイズが小さい方が持ち運びやすくて便利です。

注意点としては、勉強の序盤ではこのようなノートを作る必要はない、ということです。最初のうちは覚えていないことやわからないことの方が多いので、それをいちいちノートに書いていたら膨大な量になってしまいます。

あくまでもこれが役立つのは試験の直前期です。試験範囲をだいたい網羅できたと思えた段階から、抜けている部分を補完するために作り始めるのがおすすめです。

この最終確認ノートは試験当日にも使えます。試験会場に向かったり、会場で試験開始を待っていたりする間、このノートを使って総復習をすれば良いのです。自分の弱点だけがコンパクトにまとまっているので、効率的に最終確認ができます。

POINT

ノートで知識の穴を埋める。

解答スピードを上げる

直前期になったら、時間を意識した勉強が必要です。自分が問題を解くのにどのくらい時間がかかっているのかを計測して、なるべく短い時間で解けるように訓練しましょう。

なぜなら、本番の試験では時間が限られているからです。問題の分量に対して試験時間が長いかどうかは資格試験の種類によっても違いますが、難しいとされる試験はだいたいややや短めに設定されているので、ゆっくり解いていると時間が足りなくなります。

勉強を始めたばかりの頃は、ひとつひとつの内容をしっかり理解することの方が大事なので、あまり時間を気にする必要はありません。しかし、試験が近づいてきたら、スピードを上げることを考えなければいけません。

たとえば、選択肢の中から正しいものを選ぶ正誤問題であれば、各項目が正しいのか間違っているのかというのを、パッと見ただけで瞬間的に判断できるようにしておきましょう。少し考えればわかるという状態では不十分です。

実際の試験では、じっくり考えないと解けないような難しい問題が出ることもあります。そういう問題を解くための時間を確保するには、**簡単な問題は確実に短時間で処理していく必要がある**のです。

また、単に1問ごとの解答速度を上げるだけではなく、普段から「30分あればこのぐらいのことができる」「1時間あればこの分量の問題が解ける」というふうに、自分の中で勉強における時間感覚を磨いておいて、それを本番でも生かせるようにしておきましょう。

POINT

時間を意識する。

模試の受け方とその活用法

本番の試験の何カ月か前に、予備校などが主催する模擬試験（模試）が行われることがあります。できれば模試は最低1回は受けるようにしましょう。

模試を受けるメリットはいくつかあります。まず、決められた時間に試験会場に出向いて、ほかの受験者たちと一緒に試験を受けることで、本番の試験の疑似体験をすることができます。

実際に試験会場で試験を受けるときには、普段の勉強で問題を解いているときとは全く違う緊張やプレッシャーがあることが実感できるはずです。

また、予備校が作成する模試の問題は、内容や形式や難易度も本番の試験に近いので、ちょうどいい腕試しになります。

点数や順位などの成績も出るので、受験者の中で自分がだいたいどのくらいのレベルなのかということもわかります。

ただし、試験結果はあまり気にしすぎる必要はありません。模試は模試であって、本番の試験とは出題傾向も受験者の層も微妙に違います。

模試で悪い成績でも落ち込まなくていいし、良い成績だからといって調子に乗りすぎてはいけません。結果は参考程度に受け止めるようにしましょう。

模試を有効に活用するためのコツは、本番のつもりで受けるということです。たとえば、筆記用具や参考書などの持ち物もしっかり準備しておくべきですし、問題を解く順番などもあらかじめ決めておきましょう。

いざ試験を受けてみると「このシャープペンは細くて使いにくい」「この解き方だと時間が足りなくなる」「朝食を食べすぎると頭が働かない」などと、いろいろ気付くことや反省点が出てくるはずです。

そうやって模試できちんと本番のシミュレーションをしておけば、その反省を踏まえて、本番では最高のパフォーマンスが発揮できるでしょう。

また、模試を受けた直後は疲れていると思いますが、できればすぐに復習をしてください。問題を解いたときの感覚が頭に残っているうちに復習をすると、記憶に残りやすくなります。

大抵の場合、試験終了後に解答・解説の冊子が配られたりするはずなので、それを使ってしっかり復習をしましょう。

ついつい答え合わせをしたり、自己採点をしたりしたくなりますが、点数や結果はあまり気にしなくて結構です。それよりも復習をしっかりやりましょう。

模試がある日は、模試を受けた後に復習のための勉強時間をきちんと確保しておいてください。

逆に言うと、模試を受けて復習もしっかりやるためには、それなりに時間がかかるため、勉強があまり順調に進んでいない人は、無理に模試をたくさん受けようとしてはいけません。

模試はただ数多く受ければいいというものではないのです。復習まできちんとやることで最大の効果が得られます。本番前のシミュレーションのつもりで1～2回ぐらい受ければ十分だと思います。

POINT

模試を徹底活用する。

準備不足でも試験は受けよう

試験が近づいてくると、自分にどのくらいの実力があって、合格する可能性がどのくらいあるのかというのが何となく見えてきます。

この段階で「今回はもう受かるわけがないから受けても意味がない」と考えて、受験することと自体をやめてしまう人がいます。

完全に受験そのものをあきらめてしまう人もいれば、「今回は無理そうだから1年後にまた受けよう」などと考える人もいます。

どちらにしても、せっかく受験のチャンスがあるのに、試験を受けないというのはあまりおすすめできません。

なぜなら、そもそも試験結果は水物なので、本当に受からないかどうかは実際に受けてみないとわからないからです。実力がまだ足りないと思っていても、たまたま出題内容が自分に合っていたり、勘が当たったりして、運良く合格してしまうということもないわけではありません。

また、たとえ今回の試験で受かる可能性がものすごく低いとしても、いずれ受かりたいと思っているのであれば、試験は一度受けておいた方がいいと思います。

試験によっては、1年に一度といったペースでしか行われないものもあります。その場合、1回の機会を逃すと、そこから1年も待たなくてはいけないことになります。目の前に本番の試験の空気を味わえるチャンスがあるのだから、それを利用しないのはもったいないと考えるべきです。

予備校などが主催する模擬試験を受ければ本番の練習にはなりますが、それでも模試と本番は全く別物です。**試験会場の空気も、自分が感じる緊張感やプレッシャーも、実際の試験でしか味わえないものは確実に存在します。**

また、模試の問題はあくまでも精巧に作られた本番そっくりの擬似的なものでしかありませんが、本番で出題されるのは紛れもない本物の問題です。それを現場で体感できる貴重な機会を逃す手はありません。

試験会場では、受験前に周囲をざっと見渡してみてください。合格率20%の試験であれば、そこにいる人のうち受かるのはたったの5人に1人だけということです。

そうやって実際の受験者と顔を合わせてみると、自分が受ける試験の厳しさなども感じられるのではないでしょうか。

「自信がなくてもなるべく試験は受けよう」というのをなぜこれほど強調するのかというと、目の前の試験を受けない選択をすることで、徐々に試験勉強から離れて挫折してしまう人が多いからです。

気持ちはわからないでもありません。十分な知識がない状態で試験を受けても、問題が解けなくて時間の無駄だと感じたりするかもしれないし、自信を失ってしまうかもしれません。でも、ここで試験に向き合ったということはあとから大きな財産になります。

本番の試験を受けると、自分に何が足りないのかも明確になるし、合格するためにどういう勉強をすればいいのかも見えてきます。

何かと理由をつけて目の前の受験を回避してしまうと、自分の中で「試験から逃げる理由」を作ってしまったことになります。

こういう人は、次の試験のタイミングが近づいても「まだ準備ができていないから、もう少し勉強してから受けよう」と思ってしまう可能性があります。

そうやって言い訳をしているうちに、どんどん試験を受けるのが億劫になって、勉強にも身が入らなくなってしまいます。

試験勉強では、怖いことや嫌なことや面倒なことを後回しにしてはいけません。試験はいつでも受けられるからこそ、一刻も早く受かるように最初から全力を出さなければいけないのです。

いつか受かればいいや、という気持ちではいつまで経っても受かりません。

POINT

試験から逃げるな。

解く順番を決めておく

本番の試験を迎える前には、問題を解く順番をあらかじめ決めておくようにしましょう。特に、試験時間に対して問題の分量が多い試験の場合には、時間配分を間違えると途中で時間が足りなくなったりすることがあります。

試験というのは最初の問題から順番に解かなければいけないわけではありません。それぞれの受験者が、自分の好きなようにどこから解くかを決めていいのです。

問題の形式は毎年だいたい決まっているはずなので、どこから解き始めるのかを事前に決めて、本番では必ずその計画に従うようにしてください。

たとえば、選択問題と論述問題が両方ある試験の場合には、先に選択問題をすべて終わらせておいてから、最後にじっくり時間をかけて論述問題を解く、といった戦略を選ぶこともできます。

また、語学系の資格試験でリスニング問題が出題されるという場合には、リスニングの音声が試験開始から何分後に流れ始めるのかというのも事前にチェックしておいて、そこまでの時間でどの問題をやるのかを決めておくようにしましょう。

また、問題の解答方法にもいろいろあります。たとえば、マークシートで解答する場合、1問解くごとにマークを塗っていく方法もあるし、何問か解いてからまとめて一気にマークを塗りつぶす方法もあります。

私はいつも後者を採用していました。マークを塗るのは単純作業なので、ある程度まとめてやった方が素早くできて効率が良いからです。

「問題を解く、マークを塗る、問題を解く、マークを塗る…」という流れで取り組むと、別々の作業を交互にやっていくことになるので、少し効率が悪いような気がしていました。

しかし、人によっては、まとめて塗ると塗り忘れや塗り間違いが発生する可能性があると思うかもしれません。この辺は完全に好みの問題です。

こういうのはどのやり方でもそれほど大きな差はないかもしれませんが、事前にどういうやり方にするのかを決めておくことで、本番になってどうするか悩む手間が省けます。

ちなみに、模試を受けるのは、自分であらかじめ決めた問題の解き方を試してみる絶好の機会になります。その意味でもなるべく受験はした方が良いでしょう。

本番で慌てることがないように、問題を解く順番などは事前に決めておくようにしましょう。

POINT

解答方法も準備する。

わからない問題が出たときの対処法

本番の試験でわからない問題が出たときにはどうすればいいでしょうか？　基本的には、ひとまずその問題はとばして先に進むのがいいでしょう。1つの問題で延々と悩んで、ほかの解けるはずの問題を解く時間がなくなってしまったら本末転倒だからです。

わからない問題はいったんとばしておいて、まずは最後まで一通り解いてみましょう。その後でわからない問題に戻ってもう一度考えてみれば良いのです。

少し考えればわかりそうな問題であれば、多少は時間を使ってじっくり考えてもいいでしょう。ただ、それとは逆に、自分が勉強していない分野からの出題だったり、問題が難しすぎたりして明らかに解けそうにない場合には、そこで無理に時間を使う必要はありません。**いくら考えても、知らないものは知らない、解けないものは解けない、という割り切りも必要です。**

どんな資格試験でも、満点を取らないと受からないということはほとんどないはずです。できない問題が多少あっても、全体で合格点に達していればいいのです。

わからない問題が少しだけある場合には、その問題を無理に解こうとするよりも、解き終えた問題の答えを見直してミスを減らす方が、合格の可能性は高くなるはずです。

わからない問題をとばすということは事前にはっきり決めておかないと、本番ではついつい、すべての問題を完璧に解きたくなってしまい、時間を無駄に浪費してしまいます。


本番の試験では難しい問題も出るのが当たり前なので、わからない問題があっても焦る必要はありません。

勇気を持っていったんとばして先に進んでください。それが合格するためには最善の方法なのです。

POINT

難問はどんどんとばしていく。

ミスを減らすことを意識する

試験当日には、その時点での自分の実力を１００％出し切れるようにしましょう。実力不足で試験に落ちてしまうのは仕方ないかもしれませんが、合格する実力があるのに本番でミスをたくさんして落ちてしまうことだけは避けなければいけません。

そのためには、問題文をしっかり読む、問題を解いた後で見直す、といった基本的なことに加えて、不注意によるミスを減らすための仕組みをあらかじめ作っておくようにしましょう。

たとえば、最初に問題文を読むときに、重要だと思われる単語に丸をつけたり、間違えやすいところに線を引いたりするという手があります。

私が受けた行政書士試験では、選択肢の中から正しいものや間違ったものを選ぶ正誤問題がよく出題されていました。そこで問題文の中の**「妥当であるものはどれか」と「妥当でないものはどれか」を間違えないように、私はその文章に線を引いて目立つよ**

うにしていました。

さらに、私は「妥当であるものはどれか」という文章の下に「○」、「妥当でないものはどれか」という文章の下に「×」の記号をつけていました。

こうすることで、問題を解くときにも見直しをするときにも問われている内容をしっかり確認できるので、ミスをする確率が下がります。

ほかにも「３つ選びなさい」という問題文の「３つ」という箇所や、「40字以内で答えなさい」という問題文の「40字以内」という箇所に線を引いたりするというやり方もあります。解答の形式が指定されている場合には、その部分に特に注意しましょう。

試験時のミスの中でも最も致命的なのは、解答欄や解答形式を間違えたり、マークシートのマークする箇所を間違えたり、複数の箇所をマークしてしまったり、塗り方が悪かったりする、といった解答用紙の記入ミスです。

たとえば、解答欄が一個ずれていることに気付かないと、大幅に得点を落としてしまうことになりかねません。

解答用紙に正しく答えが書かれているのかという点はしつこいくらいに見直して、絶対にミスのないようにしてください。

POINT

ミスを減らす仕組みを作る。

試験前日の過ごし方

試験の前日を迎えたら、もうじたばたしても仕方がないと割り切ってください。体調に気をつけて、前向きな気持ちで試験当日を迎えられるようにしましょう。

試験が近づくと不安になる人もいるかもしれません。特に、長く勉強している人ほど余計に不安になりやすいものです。

でも、不安なのはほかの受験者も同じです。誰もが自分が受かるかどうかドキドキしながら本番を迎えているのです。そう思うだけでも多少は不安が紛れるのではないでしょうか。

どうしても不安がある人は、勉強を始めた頃のことを思い出してください。その時点ではテキストや問題集の内容がほとんど理解できず、問題も解けなかったはずです。

でも、勉強を続けてきたことで理解が深まり、今ではやり込んだ問題集のほとんどの問題を解けるようになっているのではないでしょうか。そんな自分が受からないわけはない。そんなふうに自信を持ってください。

試験前日まで来たら、もう何をやっても結果が大きく変わることはありません。無理に新しい知識を入れたり、新しい問題を解いたりする必要はありません。この段階から新しいことを覚えようとすると、あれこれ気になることが増えて余計に不安になったりする可能性もあります。

今まで使ってきた問題集やテキストだけをざっと見直して、知識の総点検をしてください。

ここで「最終確認ノート」が役立ちます。これまで勉強したことの中で、自分にとって最も重要なことがそこにまとまっています。それをしっかり確認すると、試験範囲全体の総復習をするのと同じ効果があります。

前日には、持ち物を準備したり、試験会場への行き方や所要時間を確認したりする、というのも忘れないようにしてください。当日になって勉強以外のことで慌てることのないように、当日のスケジュールもチェックしておきましょう。

会場にはなるべく早めに着くようにしておくのがおすすめです。体調不良になったり電車が少し遅れたりするという不測の事態があっても、早めに動いておけば対処ができます。

前日には勉強も必要最低限だけにしておいて、しっかりと睡眠をとりましょう。睡眠時間が少ないと本番で頭が働きにくくなります。

POINT

前日には開き直る。

緊張を受け入れろ

試験日を迎えたら、普段通りの食事をしてから試験開始前に会場に行きます。会場に着いたら、試験までの間、「最終確認ノート」などを使って最後の復習をしておきましょう。

試験が始まったら、落ち着いて問題を解いていってください。いざ本番となると緊張するかもしれませんが、そういうときに「緊張してはいけない」と自分に言い聞かせると、そのせいで余計に緊張してしまうこともあります。

そういうときには、**自分の緊張をそのまま認めて受け入れてしまうのがおすすめです。「ああ、緊張しているなあ」と、緊張している自分をまるで他人のように観察する感覚でいれば良い**のです。

どうしても緊張してはいけないと考えている人は、緊張すると問題が解けないとか、普段通りの結果が出ないと思い込んでいるのかもしれません。

しかし、実際にはそんなことはありません。試験のときには、誰でも多かれ少なかれ緊張はしているものです。緊張をしていても問題を解くことはできるし、試験に合格することもできます。結果さえ出れば、緊張するかしないかはどちらでも構わないのです。

そもそも、緊張するというのは、目の前のことに本気で向き合っているという証であり、悪いことではありません。

「試験当日には、その時点での自分の実力を１００％出し切れるようにしましょう」と先ほど書きましたが、実際には実力を完璧に発揮できる人というのは少ないかもしれません。

というのも、本番では誰もが緊張しているので、持っている力の80～90％ぐらいしか出せないこともあるからです。

ただ、全員が同じように緊張を抱えているのであれば、そのことで大きく差がつくこともないので、あまり気にしても仕方がありません。自分にできる限りのことをやればいい、という原則は変わりません。

試験のときに緊張することがあったら、緊張している自分を受け入れて、緊張していても構わないという気持ちを持って、淡々と問題を解いていってください。

POINT

緊張してもいい。

試験を受けた後の過ごし方

試験が終わったら、まずは何も考えずにゆっくり休んでください。あとから何をしても結果は変わりません。できれば当日中は試験のことも一切考えずに、リラックスした気分で過ごすようにしましょう。

翌日以降に気が向いたら試験のことを振り返って、予備校などから発表されている模範解答や解説を参考にして、自己採点をしたり、復習をしたりするのも良いでしょう。

それからどう過ごすべきかというのは、試験の手ごたえや自己採点の結果によって変わります。

自己採点をしてほぼ確実に合格していると思われるのであれば、受かっていると想定して次のことを考え始めても構いません。

次に別の資格試験を受けようと思っているのであれば、そちらの勉強を始めても良いでしょう。

また、資格を取ったらそれを生かして独立開業することを考えているのであれば、そのための準備をしましょう。開業のために必要なことを調べたり、実務的なことを学んだりしても良いでしょう。

試験に受かったと確信できるような状況であれば、ひとまず自分にとっての試験は終了です。試験のことはもう忘れて、人生の次のステップに踏み出してください。

自己採点の結果、不合格の可能性が高い場合には、ひとまず試験の復習を進めましょう。本番で間違えたところやわからなかったところは、しっかり復習して頭に入れてください。

また、**試験を受けたときの記憶が鮮明に残っているうちに、本番での反省点をまとめておくのも良いでしょう。**

試験で思い通りにいかなかったことや、あとから「こうすれば良かった」などと思うことがあれば、それらをすべて書き出して、次に試験を受けるときに備えておきましょう。

次の試験へのカウントダウンはもう始まっています。改善すべき点を洗い出して、モチベーションを高く保ったまま、次の試験まで勉強が続けられるようにしてください。

POINT

試験後は反省点をまとめる。

著者紹介

遠田　誠貴（とおだ　せいき）

1979 年、愛知県名古屋市生まれ。2002 年、東京大学文学部卒業。テレビ番組制作会社勤務を経てフリーライターに。お笑い評論家「ラリー遠田」としてテレビ・お笑い関連の取材、執筆、イベント主催など多方面で活動。2016 年、法律知識ゼロの状態から 99 日間の勉強で行政書士試験を受験し、合格を果たす。2017 年、行政書士登録。遠田行政書士事務所代表。

主な著書
『99 日で受かる！　行政書士試験最短合格術（増補改訂版）』（税務経理協会）
（以下「ラリー遠田」名義）
『お笑い世代論　ドリフから霜降り明星まで』（光文社）
『教養としての平成お笑い史』（ディスカヴァー・トゥエンティワン）
『とんねるずと『めちゃイケ』の終わり〈ポスト平成〉のテレビバラエティ論』（イースト・プレス）

著者との契約により検印省略

令和５年３月10日　初版発行

最短最速で受かる!　忙しい人のための
資格試験勉強法

著　　者　遠　田　誠　貴
発 行 者　大　坪　克　行
印刷・製本　株式会社技秀堂

発 行 所　東 京 都 新 宿 区
下落合2丁目5番13号　株式会社 税務経理協会

郵便番号　161-0033　振替　00190-2-187408　電話　(03)3953-3301(編集部)
FAX　(03)3565-3391　(03)3953-3325(営業部)
URL　http://www.zeikei.co.jp/
乱丁・落丁の場合はお取替えいたします。

ISBN978－4－419－06920－9　C3034